運を整える。

朝倉千恵子

内外出版社

プロローグ

運を整える――。運を上げるでも、開くでもなく**「整える」**とはどういうことでしょうか。整えるという言葉には、目指す状態に全体をよくまとめ上げるという意味があります。乱れたものや、ずれたものを、正しくする、ちゃんとするというニュアンスが含まれている言葉です。

私たち一人ひとりが持つ運の強弱は一定ではありません。

人生には良いときもあれば悪いときもあるように、運そのものにも**「波」**があります。何をやってもうまくいかない時期が続いたかと思えば、怖いくらいに幸運が続けて飛び込んでくるような時期もあるでしょう。その一瞬一瞬だけを見て、ひどく落ち込んだり、手放しで喜んだりしても実はあまり意味がないのです。なぜなら、人生はもっとずっと長いから。

私は今年で62歳になります。人生を振り返ると本当にいろいろなことがありました。その一部は本書の中でもご紹介させていただいておりますが、中には消しゴムで消して、なかったことにしてしまいたい過去もあります。

「なぜ私にばかりこんなに試練が襲ってくるのだろう」

と自分の運命を恨みたくなったことも数知れません。泣いて、泣いて、悩んで、困って、また泣いて……。そんな日々の繰り返しでした。

しかし、あるころから、辛いことも、苦しいことも、恥ずかしいことも、その一つひとつの出来事が、私という1人の人間の人生をつくる大切なパーツであり、欠かすことができないものだと考えられるようになりました。**あの時期があったからこそ今の私があるのだ**と、強がりではなく心からそう思えるようになったのです。

悩んで、立ち止まって、うずくまるのは簡単です。でも、ただ待っているだけでは魔法使いも白馬の王子様も、そう都合よくやってきてはくれません。

一度限りの二度はない人生。人生は長くもあり、そして同時にとても短くもあるのです。ただうずくまって、誰かに引き上げてもらうのを待っているなんて、もったいない！　目の前の課題や問題に立ち向かい、どうしようかと自分の頭で考えて、行動する。そうやって**自分の人生の手綱を自分で握ることが、運を整え、強運を手に入れる第一歩**だと私は思います。

強運を掴《つか》むとは、お祭りのくじびきのようにたくさんある紐《ひも》の中から、限られた「当たり」を引き当てることではありません。目の前にある無数の細くて弱くて頼りない運の糸をたぐりよせ、より合わせ、紡いでいくことです。

日々を丁寧に、心を込めて、撚《よ》り、紡ぐ。1か月、半年、1年、3年、10年……。気づけば、頼りなく弱々しかった運の糸が、強く、骨太で、しなやかに成長していることでしょう。これこそが**本当の「強運」**です。

まさに、強運は1日にしてならず。

今すぐ自分の人生をなんとかしたい、すぐにでも開運したいと願っている方にとっては、少しまどろっこしく感じられるかもしれません。しかしお金も人間関係も仕事も、労せず手に入れたものは、またすぐに失います。一時の幸運を手に入れることがあったとしても、長続きしないということを、私はこれまでの人生で痛いほど学んできました。

一方で、時間をかけて丁寧に撚り、紡いだ運の糸はそう簡単に切れることはありません。厳しい出来事に直面したとしても、しなやかに乗り越える強さをもたらしてくれます。コツコツコツコツ、自分の人生に向き合い、運を整え続けてきた人は、**人生の後半戦になればなるほど強い運に守られる**ことになります。

本書の中では、私がこれまでの人生で見つけてきた強運を掴み、育てるための習慣、人生の大先輩から教えられてきたこと、昨今の社会を見て今の日本に欠けてしまっていると思えるものなど、**「運を整える」ための48のルール**を紹介しています。

一般的な開運論や、占星術などで語られるような学問的な話とは少し違うかもしれません。この本に載せた**48のルール**は、すべて私の経験がベースになっています。自分で実践し、自分の目で見て、耳で聞いて見出してきたものばかりです。そして私なりに見出してきたこの強運の法則は、多くの人に当てはまるということもまた確信しています。

本題に入る前に、少しだけ私のこれまでの人生の話をさせてください。

「千恵先輩、ひとつも幸せそうじゃないですね」

32歳のころ、後輩がわたしの顔を覗《のぞ》き込みながら言いました。当時は結婚9年目。見染められ結婚し、小さいながらも新築の家を建ててもらい、2人の子宝に恵まれ、さらに旦那様は子煩悩で、仕事が終われば毎日真っすぐ家に帰ってきて、家族と一緒に過ごす時間をなによりも優先するような優しい人でした。

「女性の幸せは素敵な男性と結婚し、子どもに恵まれ、幸せな家庭を築くこと」だと言われていた時代に、まさに絵にかいたような幸せの構図を手に入れていたはずなのに、その後輩が言う通り、私はちっとも幸せではありませんでした。

そしてこの2か月後に、私は子どもを連れて、家を飛び出すことになります。


9年間の結婚生活は、私にとって苦しい期間でした。

生活に大きく困っていたわけでも、DVを受けていたわけでもありません。はたから見れば幸せな家庭そのもの。しかし、まるで自分の人生ではないかのような息苦しさをずっと抱えていました。結婚を決めた理由は、元旦那様からの熱烈なアプローチ。「女の子は、想われて結婚したほうがいい」――。そんな母の勧めもあり、気づけばとんとん拍子で婚約が決まりました。

ところが結婚してすぐ、「これは違う」と気づきました。地元を離れ東京に嫁ぎ、仲の良い友人とも両親ともすぐに会えない距離。一緒に暮らし始めてみて感じるのは、相手との価値観の違いばかり。八方美人な性格ゆえに言いたいことも言えず、いつも自分の本音を押し殺していました。今さら「やっぱり嫌だ」と言うこともできず、なんとか良い嫁・良い妻・良い母を演じようとしていました。

「私の人生って不幸だな」

周囲には幸せな様子を見せてはいましたが、1人になるとハァーっと大きなため息をつくような毎日で、心の中には寂しさや不満がいっぱいでした。

「幸せそうじゃないですね」と指摘をされて2か月後、私は子どもたちを連れて家を飛び出しました。実は苦労は目に見えていましたが、「これから先の人生のほうが長い」と決断しました。お金もなく、行く当てもなく、なんとか先輩の家に泊めていただくことができましたが、それも数日が限界でした。

最終的には、やはり生活力のない私では2人の子どもを養うことはできないと、私は1人で生きる道を選びました。

それから数年は、いろいろな意味でとても苦しかったです。むしろ結婚生活とは比べ物にならないほど大変なことの連続で、ドロドロの人生だったと言っても過言ではありません。子を捨てた母として後ろ指をさされ、根も葉もない噂も広がりました。子どもたちはずっと私のことを恨んでいたと言います。大きくなった彼らの結婚式に出ることも叶いませんでした。

なんとか子どもたちを取り返したいと株に手を出し失敗し、4000万円もの借金を抱えてしまったこともあります。借金を返済するためにトリプルワークで働きづめ、二度ほど死にかけました。

そんな地獄のような日々でも、自分を押し殺し暮らしていたあの9年間に比べると、私の気持ちはずっと晴れやかでした。長年悩まされていた「めまい」「慢性胃炎」「自律神経失調症」も、離婚した後は嘘のようにきれいに消えてしまいました。家具ひとつ買えない貧乏暮らしでも、**「自分の人生を生きている」**という実感があったのです。

唯一の心残りは、子どもたちのことだけでした。仕事を終え、誰もいない真っ暗な家に帰り、子どもたちのことを想いながら、むせび泣いたことは数知れません。寂しくて眠れず、浴びるほどお酒を飲み、アルコール依存症になったこともありました。とにかく2人とも元気で、健康で、幸せに暮らしていることだけを祈るばかりでした。

会いたい、会いたい、会いたい……。

その願いが叶い息子と再会できたのは15年後、娘と再会できたのは24年後でした。私が家を出たとき、すでに物心ついていた娘にはとても悲しい思いをさせてしまいました。長い間、私のことを許す気になれなかったと言います。会ってもらえるようになるまでにも、ずいぶん時間がかかりました。

自分を捨てた母との再会。娘の第一声は、「なんでお父さんと結婚したの?」。そしてその瞬間、私の口からは自分でも驚くほど自然と「あなたたちを授かるために結婚したんじゃないかな」という言葉が出てきました。

そうか、この子たちを授かるために私は結婚したんだ——

そう気づいた瞬間、あの9年間の日々に、感謝する心が生まれたのです。

不運は幸せのきっかけかもしれない

突然、こんな重たい話からはじめて驚かせてしまったかもしれません。

しかし**「運を整える」**というテーマの書籍を書かせていただくにあたり、自分の中でもっとも運が悪かった時期、最も幸せを感じられなかった時期のことを振り返り、皆さまと共有しておきたいと思ったのです。

今こうして振り返ると、「自分は不幸だ」「運が悪い」と人生を嘆いていた当時の私は、ずいぶん未熟者だったなと思います。人生はすべて自分が選択した結果であるにも関わらず、彼が熱心にアプローチしてきたから、母がいい人だと言ったから、友達が、お姑さんが、親戚が……と、周囲の人や環境のせいにして、まるで被害者かのような気持ちで過ごしていました。

自分は不幸だと思い込めば思い込むほど、現実をそちらに引き寄せていることには少しも気づいていませんでした。

あれから30年。人生の酸《す》いも甘いも経験し、また多くの女性たちの人生を見てきました。そして確信していること。それは**「運」も「幸せ」も結局は本人の捉え方次第**……だということです。

周囲からはとても幸せそうに見えていても、本人がそう思えなければ幸せではありません。逆に、貧乏暮らしであっても、いつもトラブルに巻き込まれてばかりいても、それが幸せだと感じて生きる生き方もあります。

また、そのときは「なんて運が悪いんだ」としか思えなかった出来事が、数年経って素晴らしい結果のきっかけになっていることも、決して珍しいことではありません。

もうひとつ、私の話をさせてください。

離婚後、私は株の世界に入りました。すぐにでも子どもたちを取り返せるだけの経済力を身につけないといけないと焦り、一攫千金《いっかくせんきん》を狙ったのです。

ビギナーズラックだったのでしょうか。はじめはとてもうまくいきました。相場のことなんて何もわからないまま、ほぼ直感だけでやっていたにも関わらず、予想が当たる、当たる。月収は１００万円となり、母に毎月50万円もの仕送りをしながら、わずか8か月で800万円を貯めました。
「私はツイてる！」と思いました。周囲からも「あなたは才能がある。自分でやってみなさい」と絶賛され、自分で投資クラブの運営をすることにしたのです。有名な経済評論家の方のご自宅まで訪ねて行って勉強し、これから自分は大成功するのだと確信していました。

ところが、自分でやりはじめたとたん、今度は何をやってもうまくいかないのです。どんどん募っていく焦りの気持ちとは裏腹に、貯金はあっという間に底をつき、気づけば無一文のすってんてんどころか、4000万円もの借金を抱えていました。当時35歳。まさに、人生崖っぷちです。

とにかく借金を返すためにも、なにか仕事をするしかありません。ところが、再就職をしようと履歴書を送っても、どの会社も面接さえしてくれないのです。今は、年齢を理由に採用を拒むことはできませんが、当時は転職といえば34歳がピークでした。35歳、しかも女性の私に、正社員の扉は開かれていませんでした。

「ここがダメだったら、横浜の桜木町でホステスになろう……」

当時、私をチーママにと声を掛けてくれていたお店があったのです。その決断をする前の、最後の1社のつもりで応募したのは、「地獄の特訓」というハードな研修で有名な教育会社でした。この会社のことは知りませんでしたが、もともと小学校の教員をしていた私は、社会人教育の分野にも興味があり、求人票の「講師募集」の言葉に惹かれ、これがラストチャンスだと応募しました。

なんと面接をしていただけることになり、ドキドキしながら面接会場へ。ノックをして扉を開けて、面接官の方に一礼をして席についた瞬間、

「あなた、営業やりませんか？」

と言われました。

私は講師募集の求人を見て、面接に行ったはずです。さらに正直に言えば、当時の私は営業職に対して、良いイメージを抱いていませんでした。営業と言えば、言葉巧みになにかを無理やり売りつけるという印象が強かったのです。もともと八方美人

で、なにかを断るのが苦手な私は、要らないものでも、言われるがまま買ってしまった経験が多々あります。

自宅に寄付のお願いがくればお金を払い、訪問販売で消火器を買おうとしたときには家族から心底呆《あき》れられました。元旦那様から「お前は心配で、ひとりで家に置いておけない」と言われたほどです。そんな私でしたので、まさか自分が営業をやるなんて微塵《みじん》も思っていませんでした。

(営業？　なんで私が？　いやだ、いやだ！　営業なんてやりたくない！)

頭の中で拒絶の言葉が目まぐるしく浮かんでくる中、現実の私は大きな声で、

「はい、営業やります！」

と即答しました。なぜって？　それしか道がなかったからです。今日食べるものすら定まっていない生活で、仕事を選り好みする余裕など私には一切ありませんでした。

「なんで私が営業なんてやらないといけないんだ」と、私の営業人生は不満からのスタートでした。しかし今振り返ると、営業の仕事についたことで人生は大きく好転し

ました。

やるならばなにがなんでも結果を出そうとガムシャラに働き、未経験ながら3年でトップセールスとなり、そこで磨いた営業スキルを活かして、女性限定の塾をはじめ、教育会社を起こし、今では創業19年目の会社社長です。これまで20万人のビジネスパーソンの育成に携わり、全国各地に私のことを「朝倉先生」と呼び慕ってくださる受講生がいます。

今の生き方を手に入れたきっかけは、まぎれもなくあの日、あの面接会場で、絶対嫌だ！　思いながら捻り出した**「営業やります」**という言葉でした。もちろんそのときは、ここから人生の大逆転がはじまるなんて、思ってもみなかったものです。

運が切り替わるスイッチは、どこにあるかわかりません。そして、そのときにはそれが幸運への入り口だとは本人にすらわからないのです。

独立し、会社を起こしてからも、試練は次から次へと私を襲いました。きつい、つらい、しんどいは当たり前。しかし泣き言をいったところで誰も助けてはくれません。何度もやってくる試練に立ち向かううちに、あることに気が付きました。

それは、**試練を乗り越えた先に、以前よりも良いものが待っている**ということです。

次から次へと起こる難問・難題・課題に戸惑うときもあります。しかしそれはすべて、**「乗り越えて大きくなれよ」**と天から与えられた課題なのだと感じるようになりました。立ちはだかる大きな壁だと思っていたものは、次のステージに上がるための階段だったのです。

背を向けずチャレンジすることで、必ず問題は解決します。解決できない問題もなければ、乗り越えられない壁もありません。神様は解決できない試練を与えることはないのです。

私が過去に4000万円の借金を抱えてしまった話をご紹介しましたが、例えば当時の私が10億円の借金を背負ってしまい、にっちもさっちもいかなくなる……なんてことはきっと起こらなかったはずです。なぜなら、当時の私ではそもそも10億円ものお金を借りることはできないから。100％絶対無理な問題は、起こりようがないのです。

目の前に大きな壁が現れたということは、あなたが次のステージに上がる準備ができたというサインです。覚悟を決めて、上ってください。目を背けたり、逃げたりしても、また必ず同じ問題にぶつかります。なぜならその階段を上らないことには、人生が先に進まないからです。

この大きな階段に足をかけるために必要なものがあります。

それが、**心の筋トレ**です。

自分はできると信じる。

この先に明るい未来が待っていると確信する。

失敗してもめげない。
転んでも一歩前に進もうとしている自分をちゃんと褒める。
自分の足で進むのだと決める。

心を鍛え、しなやかで強く、たくましい心を持つと、人生に怖いものはなくなります。逆に心が弱いままでは、いくらチャンスが巡ってきても、それを活かすことができません。強い運に守られていることにも気づけず、いつも不安と不満ばかりの日々を過ごすことになってしまいます。

「でも、私は弱いから……」

と思っている人も、安心してください。この世に本当に弱い人なんて存在しません。私は年間1万人以上の方々とお会いしますが、弱い人なんて1人もいませんでした。繊細で、いつも誰かの影に隠れてビクビクしているような人でも、心の奥底にはちゃんと「強さ」を持っていました。「あの人がいないと生きていけない」と、パートナーに重く依存しきっていた人で、本当に生きていけなかった人も見たことがありません。

自分は心が弱いと思っている人は、自分で自分にブロックをかけてしまっています。もしくは、弱い自分を演じているだけ。身体と同じで、心もトレーニングによって鍛えることができます。いきなり大きな負荷をかけるのではなく、自分にあったペースでじっくりと鍛えていきましょう。ちょっとした意識や習慣の積み重ねで、あなたの心は驚くほど強く、たくましくなります。

強い運を掴むには、まず強い心を持つ。
運を整えるには、まず心を整える。

自分らしく幸せな人生を歩むための鉄則であり、本書の裏テーマとも言える大切な考え方です。

意思の力ではなくイメージの力で人生を変える

第1章に進む前に、ひとつ大事な話をさせてください。それは、あなた自身の理想の未来像をイメージすることの重要性についてです。

人生を変えたい、もっと運に恵まれた人生を歩みたい。そう思ったときに、意思の力でなんとかしようとする人がいます。中には「頑張らないといけない」と思い詰めすぎる人もいます。もちろん大きな変化を起こしたいのであれば、強い意思は大事です。努力も必要です。しかし、それ以上に大事なのが**「イメージの力」**です。

イメージが湧いてこないことを意思の力でなんとかしようとしても難しいのです。人は自分がイメージできるもの以上にはなりません。逆に、鮮明にイメージできたものは必ず実現できます。私たち人類の文明もそうやって発展してきました。

一人ひとりの人生も、その人が描いているイメージ通りになります。

「運が悪い」「どうせ失敗する」とネガティブなイメージばかり描いている人は、そんな人生になります。「運が良い！」「きっと成功する！」とポジティブなイメージを鮮明に描いている人は、そんな人生を手に入れます。**人生は、セルフイメージを上げることから好転する**のです。

理想の人生設計、理想の自分像、理想の1日の過ごし方を一度紙に書き出してみてください。それも、できるだけ具体的にかつ、鮮明に。不思議なことに目標やありたい理想の姿を紙に書き出していると、自然とそちらのほうに向かっていくのです。無意識の選択がそうさせているのかもしれません。

私もイメージの力で人生を変えてきました。

離婚した直後、何も持たずに家を出た私は、プラスチックのコンテナを購入しての生活からはじめました。コップやお皿を買うことさえ躊躇《ちゅうちょ》するほど、お金がありませんでした。それから、株で失敗し、教育会社に再就職をした後、ひとつ決意をしました。そして、いただいた賞与で当時の部屋に釣り合わない高級家具を購入しました。

「いつか、この家具にふさわしい家に住む！」

そう決めたのです。

「いつか、必ず！」と決意し、理想の暮らしのイメージを思い描きながら、貧乏暮らしにはまったく釣り合っていない家具を、毎年ひとつずつ揃えていきました。今の自宅は、当時の理想のイメージにとても近いものになっています。

憧れでしかなかったはずのものが、気づけば現実になっていました。もちろん、あのとき6年かけて集めた家具は、今も大切に使っています。

はじめは、**憧れからのスタートで良い**のです。ポジティブな未来を鮮明にイメージしてください。鮮明にイメージできたものは、きっと実現します。**すべては、自分の概念次第です。**

あなたが、わたしが、自分自身をどのようにイメージして位置づけるかで、世界も人生も驚くほどに変わります。

あなたならきっとその未来を実現できます。

朝倉千恵子

運を良くする10か条

1：明るく素直であること（笑う門には福来る）

2：愛情深く「思いやり」を持つ（人間関係は鏡）

3：自分はぜったいに運が良いと断言する（信じるものは救われる）

4：ついているものと付き合うこと（長所や良い点を伸ばす）

5：マイナスなことは考えるな（恨み、嫉妬、悪口、不安は運の悪くなるコツ）

6：常に勤勉たれ（濡れ手に粟、一攫千金は続かない）

7：常に身辺をきれいにしておく（身辺のほこりを払って、心に誇りを持て）

8：「我」をおさえ、足るを知ること（我を個性にするな）

9：過去、現在よりも「未来」について考える時間を長くとること（未来の理想的なイメージをありありと、イキイキと描き実感せよ）

10：先祖、親などの「核」的存在を大切にすること（理屈抜き）

運を整える。目次

プロローグ

［第1章］人生は「運」が支配する

［第3章］ 愚かな人にならないために

［第4章］正々堂々が最強の戦略

〔第5章〕魂を磨く

エピローグ

装幀／福田和雄
本文ＤＴＰ／中富竜人
編集協力／阻馬 薫
編集／鈴木七沖

第1章

人生は「運」が支配する

一生懸命働き、失敗と成功を繰り返しながら、
迷いながら決断し、少しずつ進んでいく。
その過程の中で、ようやく自分の人生の
意義も見えてくるものです。
一度描いた夢が変わってもかまいません。
自分の人生の理想イメージを描きながら、
目の前のことにしっかり向き合ってください。

ルール1　めんどうくさいことこそ喜んでやろう

本書では**「運を整えるための48のルール」**をご紹介していくのですが、いざそれらを実践しようとすると、きっとあなたは「めんどうくさいな……」という気持ちになることでしょう。やったほうがいいと頭ではわかっていても、なんだか億劫《おっくう》に感じられ、(今日は忙しいから)(ちょっとくらいやらなくても)と、頭の中には「やらない言い訳」が次から次に浮かんでくることでしょう。

それは、あなたが怠け者だからではありません。あなたの心が弱いからでもありません。**人は元来、めんどうくさがり**なのです。もちろん、私もです。

毎日めんどうくさいことばかりです。食事のあとにお皿を洗うのも、洋服にアイロンがけをするのも、お礼状を書くのも、本音本心では「めんどうくさい」と思ってしまいます。

しかし、この「めんどうくさい」こそ、多くの人が運を逃す最大の理由であると同時に、ある事実に気づいているごく少数の人にとっては、**「幸運の芽」**にもなるのです。

あえて申し上げます。

大事なことは、すべてめんどうくさいのです。

「手っ取り早く、運を掴《つか》む方法を知りたい」「サクッとできることがいい」——。それが多くの人にとっての本音です。そして今の時代はコストパフォーマンス、タイムパフォーマンスという言葉がすっかり市民権を得た、効率重視の時代です。地味でめんどうくさいことをコツコツとやりましょう！　なんて、ハッキリ言ってウケません。書籍でもSNSでも、「簡単にできる」、「今すぐ結果が出る」と謳《うた》い、楽して結果が出ることを匂わせたほうが、人がワッと集まってきます。

しかし、私自身の60年の人生、40年の仕事人としてのキャリア、20年の経営者生活を振り返ったときに、結局差がつくのは**「いかにめんどうくさいことを、ちゃんとや**

れたか」だと気づいたのです。

ビジネスの世界でも、スポーツの世界でも、成功する人にはある共通点があります。

それは、皆がやりたがらないめんどうくさいことを、**誰もやらないレベルまで徹底的に極めて、やり続けてきた、**ということです。そしてそのめんどうくさいことは、やろうと思えば誰でもできること、というのもまたポイントです。

めんどうくさいという理由だけで、多くの人はすぐにやめてしまいます。ということは、皆がめんどうくさいと思うことを頑張れば、たったそれだけで周囲と明確な差を生むことができるということです。

例えば、あなたがコツコツと3年間、頑張ったことがあるとします。もし他の人が後からその大切さに気づいて「やっぱり頑張ろう」と思ったとしても、あなたとの差はずっと埋まることはありません。なぜなら、その人が3年頑張ったとき、あなたの積み重ねは6年にもなっているからです。

成功者に憧れるとき、私たちはつい今の姿だけを切り取ってその人をわかった気になってしまいます。その人が今やっていることを上部だけ真似してみたり、ときには「あの人は環境が恵まれている」なんて嫉妬《しっと》にかられることもあります。しかし、実はその裏に何か月も、何年も、何十年も積み上げてきた努力や、築いてきた信用・信頼があることを忘れてはならないのです。

ルール2
決して一発逆転を目指さないこと

私は**「自分は強運の持ち主だ」**と確信しています。さらに運を味方につけるためにできることはいろいろと意識をして取り入れています。

とはいえ神社で手を合わせたら良いことが起こったとか、運気が上がるブレスレットをつけていたらお金を拾ったとか、そんな経験は一度もありません。むしろ毎日、こんなに大変なことがどうして次から次へと起こるんだろうと思うことばかりです。

子どものころは人見知りが激しく引っ込み思案な女の子でした。幼稚園は1週間も経たずに辞めてしまい、小学校に上がってからも、なかなかクラスに馴染めず、ずっと祖母に学校まで付いてきてもらったり、登校拒否になったりした時期もありました。

高校生のころには、父が借金の保証人となり、大変な目に遭いました。借金取りが自宅に来て震える日々を送る中、とうの父は蒸発。母は借金を返済するため、水商売で身体が壊れるほどのお酒を飲みながら働いていました。

大人になってからも、序章で紹介したような様々な試練がありました。幼いころからずっと、いつも目の前には大きな壁があったような気がします。

しかし、そんな私の人生を、私は「不運」だとは思いません。渦中は苦しくて辛いとしか思えなかったことも、10年、20年後に振り返ると、自分自身の大切な一部になっていると気づいたからです。

例えば、学校に行けなかった経験がある私だからこそ、人の気持ちや思いを汲《く》めるようになったのだと今ならわかります。

山積みの問題の中で頭を抱えていると、ふと一筋の光が見えることがあります。「なんでこのタイミングに⁉」と驚くような折に特別な方とのご縁をいただいたり、想像だにしていなかった出来事に遭遇したりすることがあります。この**一筋の光に気づけることこ**そが、究極の運の良さだと私は考えています。

体重が毎日増減するように、運にも波があります。

月単位、年単位で良い時期もあれば悪い時期もあるでしょう。今は運気が落ちている時期であっても、時間が経てばいずれ上昇していきます。逆に、今は運気が上がっている状態であっても、次第に落ち着き、ひょっとするとマイナスにまでなってしまうかもしれません。大切なのはそれぞれの時期になにを考え、どうするか。

「運が上がっているから」と手放しで幸運を享受してばかりで努力をしない人は、次の下降のタイミングで必ず苦労します。運が上がっている時期には、その波に乗り、積極的にチャレンジをしながらも、常に足元を固め、謙虚に真摯に学ぶ姿勢を忘れてはいけません。

「今は運が悪い時期だから」といって諦め、投げやりになったままでは、次の上昇のタイミングを掴むことができません。焦らずリスクを冷静に見ながら、粛々とくるべきときに備えておきましょう。

また、一発逆転を狙って無謀な賭けに出るのも絶対にやめてください。何度もお伝えしている通り、**運には「波」がある**のです。無理やり上げても、必ずまた下がります。短期的な成功を目指すのではなく、長い目で見て良い人生を手に入れられる選択をしてほしいと思います。

良い人生とは、お金や地位、名誉がある人生のことを必ずしも意味しません。どれだけお金をたくさん持っていても幸せを感じられず、孤独に人生を終えていく人も少なくありません。逆に貧乏でも幸せいっぱいに生きている人もいます。

結局、運が良い人生とは、**「自分らしく幸せに生きられる人生」**なのではないかと思います。どんな道を選んでもいいのです。それは自分で決めてください。

あなたはどんな生き方をしていきたいですか？　**人生最後のときに「良い人生だった！」と言える生き方**とはどんなものでしょうか？

優良企業の株は、日々株価が上がったり下がったりしますが、20年、30年という長いスパンで見ると右肩上がりになっています。

皆様には自分らしく生きながら、そんな右肩上がりの運気チャートを手に入れていただきたいと思います。株と違って、自分の人生は、損が出たからと言って見切りをつけることはできません。

自分という人生の投資家になったつもりで、運をじっくりと整え、育ててあげてください。

いつも良い運を引き寄せる人、いつも悪い運ばかり引き寄せる人。
その違いは、**感謝の心があるかどうか**です。
感謝の心の有無は日ごろの行動を見ればよくわかります。

我が社には、よくお客様から頂き物が届きます。本当に有難いことです。頂き物は、必ず社員みんなで分けていますが、その反応にも大きな違いがあります。もらった直後に喜んだり、お礼を言ったりすることは誰でもできます。しかし重要なのはその後です。毎回、必ず感想を添えて感謝のメッセージを送る人もいれば、もらいっぱなしで終わり、感想どころかお礼のメッセージすら忘れている人もいます。この差は、自分が贈り物をする側に立つ機会が多いかどうかにも強く影響していると私は考えています。

相手を思い、相手が喜ぶことを考えながら贈り物をしたことがある人は、贈り手の気持ちがわかるからこそ、お礼を忘れることはありません。

感謝の反対は「当たり前」。してもらって当たり前、ご馳走になって当たり前が癖になっていませんか？

また、自分にとってメリットがあること、自分が嬉しいことであれば、誰でも感謝することはできます。では耳の痛いフィードバックや、お客様からの手厳しいクレームに対してはどうでしょうか？

以前、接客業の方からこんな話を聞きました。

「面と向かって、お店で文句を言ってくれるお客様は、むしろ親切なお客様です。大半のお客様は、黙って去っていき、二度と戻ってきてはくれません」

そのように考えると、クレームも有難いものです。

また、耳の痛いフィードバックも実はとても貴重なのです。

フィードバックを受けるのが怖い、という方も少なくありませんが、フィードバックをいただけるということは、あなたの未来に可能性があると思われている、ということです。「変わる気がない」「この人には何を言っても無駄」とみなされたら、見放されフィードバックなんていただくことができません。フィードバックをいただけるということは、それだけで期待されている証拠です。

フィードバックは、お叱りではなく、**大切な気づきを与えてくれる「ギフト」**です。有り難く頂戴し、受け入れ、自分の糧にしましょう。


私は昔から、感謝の心を形に表すことを大事にしてきました。

感謝の心を持つことの大切さについては、幼いころから両親に口を酸っぱく言われてきたことであり、社会人になってからも多くの先輩方に教えられてきたことです。

人に何かをしていただいたらお礼をするのは当たり前。感謝の気持ちをしっかりと伝えるために、お礼はその日その場と、後日に改めて、二度言うことも徹底していました。人並以上に感謝心を持つことを忘れないように意識してきた自負があります。

ところが、55歳を超えたころから、自分の中の感謝のレベルがさらに一段階上がったように感じたのです。なにかをしていただいた、いつもお世話になっている、などに関係なく、身の回りのすべてのことに対して心からの感謝の念を抱くようになったのです。

きっかけはよくわかりません。ある日、講演会を担当させていただいたときのこと。「こうやって講演会をしてくださることって本当に有難いな。私の話を聞いてくださって有難いな」と、自分の内から感謝の念が湧き上がってきて、自然と**「ありがとうございます」**と言いながら両手を合わせていたのです。

それ以降、ことあるごとに「ありがとうございます」と言いながら手を合わせるのが習慣になりました。やろうと思ってやっているのではなく、なぜか自然とそうなりました。気づけば、嫌な思い出も、嫌いなあの人の言葉にも、感謝できるようになったのです。

はじめはなんとなく、わからないままでもかまいません。していただいたこと、身の回りにあることを〝当たり前〟だと思わずに、きちんと「ありがとうございます」と言葉に出す習慣をつけましょう。どうすれば相手に感謝の心が伝わるかを考えて、伝え方も工夫してみてください。

1日に10回「ありがとう」を伝えれば、1年で3650回。3年で約11000回にもなります。何千回、何万回の「ありがとう」を重ねていくうちに、気づけば、誰に対しても何に対しても、心から感謝できるようになります。

ルール4
運が味方したくなるような自分磨きをしよう

強い運に恵まれ、自分らしく幸せな人生を送るためには3つの力が必要です。

① 自分自身を磨く努力
② ご縁の力
③ 目に見えない力

そしてこの3つは順番も大切です。

まずはなによりも自分自身を磨く努力が欠かせません。なぜなら、ちっとも魅力的ではないのに、努力もしていない人に対して、他人も神様も味方する気持ちなんて起こらないからです。これは逆に、自分を磨き、魅力的な人になれば、自然と周囲が応援したり、手助けしたりしてくれるようになる、と言い換えることもできます。

さらに、自分を磨く努力をしていると、もうひとついいことがあります。それは、**自分自身のことをもっと好きになれること**です。

まだ誰も気づいていなくても、こんなに努力している自分をちゃんと褒《ほ》めてあげてください。自分の中の小さな成長に気づいたら、前に進んでいることをちゃんと喜んでください。

自分を磨くと、自分を認めてあげることができます。すると、もっともっと頑張りたい！　という気持ちが湧いてきます。「頑張らなくてはいけない」ではなく、「頑張りたい！」という欲求です。この気持ちが次の原動力になります。

私たちは、誰しも1人で生きていくことはできません。どれだけ勉強を頑張っても、身体を鍛えても、自己完結の人生なんてあり得ません。生きていくうえでは必ず、他人の力をお借りしなければならないのです。つまり、**ご縁の力**です。

ご縁の力を最大限活かすためには、**「この人のためになることをしてあげたい」**と相手から思っていただく必要があります。だからこそ、円滑な人間関係の構築や、人としての魅力が大事なのです。

自分を磨きもせず、周囲との人との関係性も疎かにするような人に対して、神様は味方したいと思ってくださるでしょうか？　「この人は、自己中心的で、感謝もせず、いつも物事を人のせいにしてばかり。自分で努力もしていないのに、不満をもらしてばかり。よし、良運をあげよう！」とは、おそらくなりませんね。

神様の視点にたって考えてみると、**「この人はいつも不器用なりに頑張っている。辛いこともあるけれど、前を向いてひたむきに努力をしている。応援してあげたい」**――。そんな風に考えるのが自然ではないでしょうか。

一生懸命に頑張っている人、どんどん成長している人の姿を見れば、それが自分であっても他人であっても、応援したり手助けしたりしてあげたくなるのが自然な感情です。

良い運を引き寄せるためには、他人や神様がつい味方をしたくなるような人にならなければいけません。そのためにも、自分自身を客観的に見る目が必要です。

「今、私は、みんなが応援したくなるような生き方ができているかな？」
「この人のためなら、と思えるような魅力的な人間に近づいているかな？」

そう振り返ってみましょう。自分が変われば、周囲の反応は驚くほど変わります。

また、自分の今の状況を冷静に見る目も養ってください。ラッキーなことがあって嬉しい、嫌なことがあって悲しいなど、主観的に感じるだけではなく、

「これは、なにを意味しているんだろう」

と目の前の出来事一つひとつの意味を考えるのです。周囲の人や神様からのメッセージをちゃんと受け取りましょう。

ルール5 自分の理想の人生を具体的に描く

「自分らしく幸せに生きられる人生」を送るには、どんな運を引き寄せるべきなのでしょうか？　実はそれを決めるのはあなた自身なのです。なぜなら、**あなたの人生の主役は、他でもないあなた自身**だからです。

自分が目指すべきゴール、自分はどんな人生を歩みたいのかという理想の未来をイメージすること、または明確なビジョンを持つことは、自分らしく生きるうえでとても大切です。

これは**「自分軸」**と言い換えてもいいかもしれません。目的が定まっていないと、今目の前の出来事が果たして自分にとって良いことなのか悪いことなのかを判断する基準もありません。

極端な例ですが、高額の宝くじが当たったという出来事も、そのお金を元手に会社を起こし、大成功する人の人生にとっては大きな幸運のきっかけになるでしょう。

一方で、家族と幸せに暮らすことをなによりも大事にしていたのに、宝くじが当たったことで親・兄弟など家族との関係がこじれ、一家離散してしまった人の人生では、悪運のきっかけとも言えます。


自分はどこを目指していて、何を大切にしているのか。それにより、目の前の物事の受け取り方も、最適な対処の方法も変わります。

運を整えるためにも、まず自分はなにを目指しているのか、どんな人生を歩みたいのかということをしっかり自問してみてください。正解はありません。

私には私なりの理想の人生イメージがありますが、それは朝倉千恵子という1人の人間のためのものです。その理想のイメージを真似してみたとしても、あなたにとって納得感のある良い人生が送れるわけではありません。

正解がない答えは、それだけ悩みも増えます。特に今は「個」の時代と言われ、わかりやすい成功や幸せの定義はありません。結婚をするもしないも、どんな仕事をするのかも自由です。正社員だから、大手企業に入社したからすごい、なんていう価値観も崩れています。幸せの定義も自分で見つけるしかないのです。

この自分らしさや自分軸が見つけられないという人が実はたくさんいます。

「自分の軸を見つけるためには、なにをすればいいですか？」

と問われるのですが、これは発想が真逆です。ビジョンが大事とはいえ、実際には自分の軸や信念なんていうものは見つけられていない人のほうが圧倒的に多いものです。様々な失敗や経験を経て、悩み、苦しみながら自分を知り、その中でようやく自分が見えてくるのです。

なりたいイメージを鮮明に描いたら、あとは向いている・向いていないを考える前に、とにかく目の前のことにがむしゃらに取り組むこと。それが自分軸をつくる第一歩です。

私は今、女性たちの真の自立を応援したいという思いで、女性のための営業塾「トッ

プセールスレディ育成塾（ＴＳＬ）」を開催しています。「ＴＳＬの塾生が、組織を変え、会社を変え、やがて日本を、世界を変えていく」という壮大なビジョンを掲げ、女性の自立支援に邁進しています。

これこそが自分の使命だと確信し、人生をかけて取り組んでいる事業ですが、その夢やコンセプトもはじめから持っていたわけではありません。毎日、必死に働き、人生に向き合っていく中で、ある日見つけたのです。

「自分軸が見つからなくて、なにをすればいいのかわかりません」

そんな悩みを聞く機会が何度もあります。大変申し訳ないのですが、**（そんなことで悩むなんて、この人は暇なんだろうな……）**と思ってしまいます。

一生懸命働き、失敗と成功を繰り返しながら、迷いながら決断し、少しずつ進んでいく。その過程の中で、ようやく自分の人生の意義も見えてくるものです。一度描いた夢が変わってもかまいません。自分の人生の理想イメージを描きながら、目の前のことにしっかり向き合ってください。

ルール6
幸運を呼び込む言葉を使おう

「口癖が人生をつくる」。以前そんなことを教えていただいたことがあります。私たちが何気なく語っている言葉。それは自分自身の思考の癖が表に出たものです。

自分が使っている言葉、自身が発している言葉、自己が語っている言葉によって環境が決まり、人生が構成されていきます。だからこそ、プラスの言葉を使うことがとても大切です。

プラスの言葉を使えば、目の前の状況をプラスに捉えることができます。反対に、マイナスの言葉を使えば、目の前の状況をマイナスに捉えることになります。現象は同じでも、どのような言葉を使うかで、捉え方はまったく異なります。

体は食べたものでつくられる。

心は聞いた言葉でつくられる。
未来は話した言葉でつくられる。

そんな名言もありますね。本当に、ほんのちょっとの言葉の癖の違いが、人生に大きな違いをもたらします。

言葉の癖、思考の癖を表す『**Dの法則**』というものを考えてみました。

■マイナスのD
でも～
だって～
だけど～
どうせ～

こうした言葉の後に続くのは、すべて否定的でネガティブな言葉です。

「でも、そんなこと言われたってできない」

「だって、私には無理」

「だけど、やっぱり応援してくれる人がいないから」

「どうせ、私なんて」

……そうやってすべてマイナスに引っ張られてしまいます。


マイナスのDではなく、プラス思考につながる**「スーパーD」**を使いましょう。

■プラスのD＝スーパーD　だからこそ！

この「だからこそ」という言葉を使うことで、ネガティブになりそうな思考を一気にプラスに転換することができるんです。「だからこそ、あなたができる最善を尽くしませんか？」「だからこそ、チャレンジしませんか？」など、現状を打破しより良い方向へ向かっていくためのつなぎとなる言葉です。

マイナス思考かプラス思考かは、語尾に注目するとよくわかります。言い訳ばかりでマイナス思考の人は「～だから……」と語尾に「から」がつきがちです。プラス思考の人は仮にネガティブな言葉を発してしまったとしても、「～からこそ」と切り替えるのです。

あぁ、疲れた…からこそ、しっかりお風呂に入ってリフレッシュしよう!
仕事が終わらない…からこそ、楽しみながらやろう!

など、無理やりにでも発想を転換してしまうのです。言い訳ばかりの「から族」ではなく、常に前向きな**「からこそ族」**を目指してくださいね。

あなたが発する言葉で影響を受けているのは、周囲の人だけではありません。誰よりも言葉の影響を受けているのは他ならぬあなた自身です。

脳は主語を取り除いて言葉を受け取るという話を聞いたことがあります。

「あなたに、そんなこと無理だよ」と言っている人は、〝あなた〟が抜けてしまうので、知らず知らずのうちに、無理だと言うことを何度も自分に言い聞かせていることになります。

反対に、いつも人を応援し「あなたなら絶対できるよ」という言葉を使っている人は、こちらも〝あなた〟が抜け、他人を応援しているつもりでも、同時に自分自身への鼓舞であり応援にもなっているのです。

またどんな言葉を選ぶかで、明るい気持ちになるか、暗い気持ちになるかも決まります。周囲を見ていても、常にプラスの言葉を発する人とマイナスの言葉を発する人では放っているオーラが違うことをあなたも感じるのではないでしょうか。


とはいえ誰もが、ときにネガティブな言葉を発してしまうことはあります。マイナス思考になってしまう日もあります。つい愚痴《ぐち》っぽくなってしまうこともあります。それに気づいたら、自分の言葉で上書きをすれば良いのです。

「～と思っていたけど、今日からはこうしよう！」

「～だからこそ頑張ろう！」

「○○さんのこと、嫌いだなんて言っちゃったけど、いいところもあるよね！」

最後はプラスの言葉で締めることを意識しましょう。

ルール7
自分は「運が良い」と思い込む

「私の強運にのってください！」――。証券ファイナンス会社で働いていたころ、そんな口説き文句をもって、お客様に電話をかけていました。

「『馬には乗ってみよ、人には添うてみよ』と言います。私、運がめちゃくちゃ良いんです！」

本当に運が良いのかなんてその証拠はありませんでしたが、**自分はツイているという自信だけはありました。** この根拠のない自信。これが大事なんです。

お客様からは「君、面白いこと言うね。でも、顔を見たことのない人の話は信じられない」と言われました。そこで「写真を送ります！」と、実際にお客様の手元に私の写真を郵送し「写真を見ながらお話ししましょう」とまた電話をかけていました。

「あなたは運がいいですか？」と聞かれたとき、「はい！　私は運が良いです！」と明確に答えられますか？　今の状況がどうであれ、**まずは、自分は運が良いと思い込んでください。**運の良し悪しは目に見えるものでも、数値化できるものでもありませんので、どう考えるかは自分次第です。

パナソニック（旧：松下電気器具製作所）を創業し、世界的な大企業へと成長させた**〝経営の神様〟**松下幸之助さんが、採用面接で「あなたは運が良いですか？」と質問していたという話は有名ですね。そしてハッキリと「運が良い」と答えられた人しか採用しなかったといいます。

自分は運が良い、強運を持っていると確信していれば、どんなことも受け入れて立ち向かう勇気と力が生まれてきます。人から見ると決して運が良いとは思えない状態であっても、運が良いと思っていれば「これはきっと幸運のチャンスだろう」と、自分の糧にすることができます。松下幸之助さんも、そんな前向きな人を求めていたのでしょう。

私は、肩書きも業種も年齢も性別も様々な、たくさんのビジネスパーソンにお会いしてきましたが「私は運が悪いんです」と言っている人で、成功している人を見たことはありません。なぜなら、**運が悪いと思っている人は、無意識のうちに「運が悪い」人生を選択している**からです。

私は占いやおみくじなどは良いところだけを受け取るタイプです。最近はおみくじを引くこともほとんどなくなりましたが、昔は悪いものが出たらもう一度引き直していました。そして良いところだけをとことん信じます。

私自身は占いにはまったく詳しくないのですが、過去に占っていただいた方から印象的なことを言われました。

「この人には虎が3匹ついている。ものすごく強い運とエネルギーを持っている。自分のそばにいる人を大事にするし、その強運で、この人が行くところは全部栄える。

一方で、見切りをつけた人には冷たく、この人が去ったあとは廃《すた》れていく」

この言葉を聞いてから、「私には虎が3匹ついている！」となんだかとても頼もしい気持ちになり、より一層自分の強運を信じられるようになりました。

占いもおみくじも、自分の運勢もすべては捉え方次第です。まずは、**自分の心の持ち様から変えていきましょう。**

「自分は運が良い」。今日からそう信じてください。

まだ自分を信じ切れない気持ちがあるのであれば、まずは1日1回、「自分は運が良い」と口に出して言ってみてください。

言葉には言霊が宿ります。はじめはただ言っているだけだった言葉も、いつしか自分の中にすっかりと浸透していきます。

ルール8
口角を上げて「良い顔」をつくる

人生は「運」が支配する。運は「顔」が支配する。顔は「脳」が支配する。
これを**脳と顔と運の因果**と言います。

いつも明るい笑顔を絶やさない人は、自然に人も集まり、運も招き寄せる。
その反対に、いつもしけた顔をしている人は、運を逃してばかり。

そう語ったのは、私が観相学と気功を教わった故・藤木相元先生です。観相学とは、目・鼻・口・耳・眉毛・唇・顎などのお顔のパーツからその人の運勢を読み解きます。手相があるように、お顔にも相があるのです。観相学は統計学を基にした科学的アプローチで、脳と顔の因果関係を解明した学問です。

脳が顔をつくり、顔が運をつくり、その運が人生を決めていく。これが私が学んだ観相学の基本となる考え方です。私の師・藤木先生は、人の顔は脳がつくったものだからこそ、頭で考え直せば顔を若返らせることも可能なのだと教えてくださいました。

私は日々、多くの方とお会いしているので、顔を見ればその人がどういう人なのか、かなり見分けられるようになりました。

観相学では人の顔が表すものを学問として学びますが、専門家でなかったとしても「幸せそうな顔」「苦労していそうな顔」「いじわるそうな顔」など、お顔立ちから相手の印象を感じることも多いと思います。

なにも考えず中途半端な生き方をしていたら、ボーっとした顔になります。真剣に生きていたら、キリッとしたいい顔つきになります。恋愛では幸せな顔をつくることはできても「いい顔」はつくれないというのが私の持論です。いい顔は、仕事を通してつくられます。**人は仕事を通して磨かれ、仕事を通して成長していくのです。**

ひとつ面白い実験をしてみましょう。

上の歯が10本見えるくらいの、にっこり笑顔をつくってみてください。その状態で、愚痴や誰かの悪口を言ってみてください。いかがですか？　とてもやりづらいと感じたのではないでしょうか。実は、**笑顔で愚痴は言えない**のです。

反対に、すごく怒った顔をしてみてください。その状態で「しあわせ〜」と言えますか？　おそらくこちらも言えないはずです。実は表情と言葉、ひいては感情は強く連動しています。

あなたは、自分が愚痴を言っているときの顔を見たことがありますか？　断言しますが、とてもひどい顔をしていますよ。

先日、知人から面白い話を聞きました。小学校高学年のお嬢さんが反抗期に入り、ついにお母様に向かって「クソババア！」と言い放ったのだそうです。そのとき、たまたまスマホで動画を撮っており、その問題の瞬間がばっちり収録されていました。そこで「クソババア！」と叫んでいるその顔を拡大コピーして、その子の部屋に貼りました。もちろん、それはひどい顔をしていて、結局「もうこの顔を見るのは嫌だ！」とお嬢さんがギブアップしたそうです。

いい顔のベースにあるのは、やはり「笑顔」です。笑顔は、たとえ言葉が通じなくても人を幸せにする力があります。いくつになっても可愛いと言われる人は、笑顔が素敵です。大人も子どもも関係なく、みんな笑顔が大好きです。

いつもニコニコして、誠実そうないい顔をしている人。ブスッとして不機嫌そうな顔をしている人。あなたならどちらと仲良くなりたいですか？　もちろん笑顔の人ですよね。笑顔が素敵な人は、愛嬌があり、人から好かれます。「好きな人のためにかしたい」というのは自然な感情ですので、自然と良い運が集まってきます。

口角上がれば運気が上がる、口角下がれば運気が下がる、と覚えておきましょう。

【第1章のアクションプラン】

- □「めんどくさい」と思ったものこそ、すぐにやる。
- □これからの予想運気チャートを右肩上がりに描いてみる
- □いつもより丁寧に「ありがとう」を伝える
- □神様が味方したくなる人はどんな人かを考え、書き出す
- □なりたい自分像を鮮明に描く
- □マイナスのDではなく、プラスのDの言葉を使う
- □1日1回「私って運が良い」と鏡の前で言う
- □口角をあげて、にっこり笑顔をつくる

第2章

出会い運こそ人生運

出会いのはじまりは偶然のものです。
奇跡の出会いの芽は、
はじめはわからないほど小さいものです。
その偶然を必然にできるかどうかは、
自分自身の感性と努力しかありません。
会いたいのであれば「会いたい」と
相手に伝えるしかないのです。

ルール9
神様の前に、周囲の人を大事に扱う

運を上げようと思ったとき、あなたはどんな行動を取りますか？　神社に参拝したり、パワースポットを巡ってみたり、運気を上げる壺を買ったことがある人もいるかもしれません。

しかし、あえて言わせていただくと、自分の人生を好転させてくれるような「運」は神様が運んでくるのではなく、**人が運んでくることのほうがよっぽど多い**と思うのです。そのように考えれば、熱心に神様を拝むよりも前に、することがあると思えるのではないでしょうか。そうです、周囲の人との関わり方を見直すことです。

私は、**出会い運こそが人生運**だと確信しています。運が良いかどうかは、人との出会いがすべてです。そして運が良い人には最高の出会いが一瞬遅からず早からず、最良で最高のタイミングにやってきます。

もちろん人生を変えるような出会いが、ただ手をこまねいているだけでやってくるわけではありません。良いご縁を得られるかどうかは、**日常の行いがすべて**です。

ご縁とは、偶然勝手につながったように見えて、実はそこには双方の努力や心遣いが必ずあります。「もう一度会いたい」と思わなければ、相手と連絡を取ることもありません。またこちらが会いたいと思っていても、相手がそう思ってくださらなければ、拒まれてしまいます。つまり、**一方通行、片思いでは次のご縁は成り立たない**のです。

相手から「会いたい」「また話がしたい」と思われる、また周囲の人から「この人を○○さんに会わせてみたい」と思われるには、自分本位で良いはずがありません。**人との出会いこそが人生をつくる。** だからといって、自分にとって都合の良い出会いばかりを求めている人のところには、良い運は巡ってこないのです。

はじめから見返りを期待して他者にすり寄るのと、周囲の人、目の前の相手を大切に扱うことは、一見似ているようで、本質はまったく異なります。**優しさ、思いやりとは相手のために時間を使うこと**です。相手のことを懸命に考えながら相手のために時間を使うからこそ、「また会いたい」と思っていただけるのではないでしょうか。

私もご縁の力にずいぶん助けられました。営業時代、はじめこそ新規のお客様を開拓していきましたが、2年目、3年目は既存のお客様からのご紹介が売り上げの大半を占めていました。私に限らず、営業で結果や成果を出し続けている人は、既存のお客様からのリピートと紹介の割合が増えていきます。

紹介をいただける営業とそうでない営業には大きな違いが2つあります。

まず1つ目は、お客様に「紹介をいただけませんか？」とお願いをしているかどうか、という点です。本来、紹介をするという行為は目の前のお客様にとってメリットがあることではありません。ですので、黙っていても勝手に紹介してくれる、なんてことはあり得ないのです。

自分から言わなければ、紹介をいただける可能性は0％です。

そして、紹介をいただける営業とそうでない営業の大きな違いの2つ目は、**「この人にならら大切な人を紹介してもいい」**と思っていただけるだけの信頼関係、**「この人のためになることをしたい」**と思っていただけるだけの人間関係を築けているかどうか、です。大切な知人を紹介していただきたい、というのはとても図々しいお願いです。信頼関係が築けていない相手にお願いをしても「なんで私がそんなことをしなくてはいけないんですか？」と、きっと断られてしまうでしょう。

これは紹介に限らず、日常の様々なシーンでも同じことが言えます。お付き合いをしてほしい、仕事を手伝ってほしい、応援をしてほしい……。生きていると、誰かの力を借りたい場面がたくさんあります。黙っていても、周囲の人が勝手に察して、手を貸してくれることはありません。皆、自分の人生を生きるのに忙しいのです。

声を上げたときに「あなたのためなら一肌脱ぐよ」と快諾していただくには、やはり日ごろからの良いコミュニケーションの積み重ねと、相手に対する礼儀が欠かせません。**礼儀とは、相手を大切に思っているという目に見えない心を、形に表すことだ**と私は考えています。

ところが、世の中にはそうした努力もせず、ただ一方的に図々しく「お願い」をしてばかりの人が少なくありません。手助けをしてもらえることが当たり前だと勘違いをし、自分の要望が通らなければ大きな声で文句を言います。その考え方を続けている限り、大切なご縁の力、出会い運がどんどん枯れてしまうというのに、当の本人はそれに気づいていないのです。

相手がお客様であっても、上司であっても、部下であっても、パートナーであっても、友人で会っても、それこそ身近な家族であっても、求めるばかりで相手に尽くす心がなければ、次第に飽きられ、離れられます。人から何かをしてもらうことばかりを求めるのではなく、反対に「どうすればこの人は喜んでくださるだろう？」と一生懸命考えてください。尽くせば尽くされるのです。

ルール10
出会いの芽を見つけたら全力で育てる

私は会いたい人には「わざわざ」会いにいくようにしています。

何かのついでではなく、その人に会うためだけに時間をつくって、自分から会いに行くのです。まだお会いしたことがない人も、古い友人やお世話になった大切な方々でも、**「会いたい」と思ったその瞬間こそが行動を起こす最良のタイミング**です。次のチャンスなんて、永遠にこないかもしれないのです。

あなたには、会いたい人がいますか？　もし頭に浮かぶ顔があるのであれば、ぜひ会いに行ってください。今すぐその人に連絡をしてみてください。神様にお祈りするのは、それからでも間に合います。神様は心が広いので、きっと待ってくださるはずです。それよりも大切な誰かのために使う時間。その方のためにわざわざつくる時間を大切にしましょう。

わざわざ会いに行くことの価値を、私はある体験を通して学びました。

営業職として働きだしてしばらくしたころ。駅のキオスクで1冊の本を見つけました。それが見山敏先生の『大物になる頭の使い方』（三笠書房・知的生きかた文庫）という本です。

最初は、なんとなく手にとっただけだったのです。しかし、その本を読み、大変感銘を受けた私は、**「絶対にこの本を書いた著者の方に会いたい！　どんなことがあってもお目にかかりたい！」**といてもたってもいられなくなりました。そして見山先生にご連絡を入れ、会いに行きました。

自らアクションを起こして引き寄せた出会い。この出会いによって私の人生は大きく変わることになりました。**「出会い運こそ人生運」。**出会いは一瞬遅からず、早からず、最良で最高のタイミングでやってきます。

見山先生にお会いして、私は「いつか本を書きたいです」と、自分の夢を宣言しました。すると先生は「いつまでに書くの？　いつかでは書けないよ。納期を決めなさい」と仰いました。それからなんと46回も原稿のやり取りをさせていただき、いよいよ先生から「出版社を紹介しましょう！」と、こう書房様をご紹介いただきました。

「ここの出版社で処女作を出した人はみんな売れるよ」

そのとき見山先生がおっしゃった言葉が忘れられません。見山先生の多大なご協力があって、私の処女作**『不思議と説得力のあるセールストークの秘密』**が生まれました。はじめての本が世に出たときには、本当に嬉しくて本を抱いて寝たものです。

これは後から知ったことですが、女性で顔写真付きの表紙で営業本を出したのは私がはじめてだったそうです。珍しさもあって、私の1冊目の書籍は書店に平積みになりました。私の書籍をきっかけに、書店には女性の顔写真入りの本がたくさん並ぶようになったと言われたときも、女性の自立支援に向けて、ひとつの道をつくれたのではないかととても嬉しく、誇らしい気持ちになりました。

1冊目が売れることで、2冊目、3冊目と、書籍のオファーが来るようになりました。1年で6冊もの本を出せたタイミングもありました。ありがたいことに、これまでの

20年間で40冊の本を出すことができました。これも運が良かったとしか言いようがありません。そしてその運は間違いなく、見山先生との出会い、さらに遡れば、駅のキオスクでふと1冊の書籍を見つけた、あの瞬間からはじまったのです。

あのとき、どうせ著者になんて会えっこないと諦めていたら？「会いたい」なんて連絡して迷惑がられたらどうしようと躊躇していたら？きっとこんな未来はやってこなかったことでしょう。


出会いのはじまりは偶然のものです。奇跡の出会いの芽は、はじめはわからないほど小さいものです。その偶然を必然にできるかどうかは、自分自身の感性と努力しかありません。会いたいのであれば「会いたい」と相手に伝えるしかないのです。

はじめて見山先生にお会いしたとき、「今度、機会があったら一緒に食事をしましょう」と言われました。その言葉を聞いて私はすぐに「いつがよろしいですか？」と、その場で手帳を開きました。すると見山先生は「その場で手帳を開いたのは、朝倉さんがはじめて」と驚かれました。その場で約束をしなければ、次はないと思ったのです。**未来をつくるためには、約束をつくるしかありません。**

それからも数多くの出会いによって私の人生はどんどん好転していきました。

一生懸命生きていると、不思議と出会い運が上がっていきます。「え？　なんでこのタイミングにこんな素敵な出会いが？」と思えるような奇跡の出会いは、ボーっとしているときには巡ってきません。いや、もしかすると巡ってきてはいるものの、ただ気づいていないだけかもしれません。

以前、こんな言葉を教えていただきました。

小才は、縁に出会って縁に気づかず
中才は、縁に気づいて縁を生かさず
大才は、袖すり合うた縁をも生かす

これは戦国時代から江戸時代にかけて活躍した剣豪、柳生宗矩《やぎゅうむねのり》氏の言葉で、柳生家の家訓だそうです。

「いい人に巡り合えない。私には運がない」と思っている人は、ただ目の前にある縁に気づかず、見逃しているだけかもしれません。いつ、どこで、どのタイミングで、誰に出会うかで人生は大きく変わります。

「新しい人に会えない日は、今日を失った気がする」。そう語った人生の大先輩もいました。そのように考えると、私は、営業という仕事についたことも、とても運が良かったと思います。営業は、名刺1枚で会いたい人に会いに行ける仕事です。これからも小さな出会いも見逃さないようにアンテナを高く張り、出会い運をどんどん掴みにいきます。

ルール11
最後は他力本願の神頼みと心得る

「他力本願」という言葉は、一般的には、人の力をあてにしたり、他人まかせにしたりといったネガティブな意味で使われます。しかしこれは、本来の意味ではない、間違った使い方だそうです。私も人まかせという意味で、「他力本願は良くない」などと言っていました。

他力本願は、もともと仏教用語で、本来の意味では、「他力」とは自分以外の誰かの力のことではなく、**仏の力、阿弥陀仏の慈悲の力を指す**のだそうです。現世で苦しみ悩んでいるすべての者を救済し、悟りへと導こうという阿弥陀如来《あみだにょらい》のはたらきこそが、他力本願です。

少し難しい言葉ですが、本来の意味で考えれば、よく言われているような「他力本願はだめ」とは必ずしも言えません。むしろ、自分でできることはなんでもとことんやったのなら、最後は他力本願で、仏様頼み、神様頼みでも良いと思うのです。

ここまでやったのだから、あとはどうなっても後悔はない。そんなときは、むしろ自分の手から放して運に身をまかせたほうが、余計な執着を持たずに済みます。

実は経営者の方ほど、信心深く、神様や仏様にも熱心に手を合わせます。

自己努力はもちろんのこと、神様や仏様による見えない力も活かしきろうという、経営者ならではの「やれることはなんでもやる精神」でしょうか。あるいは、運の大切さを知っているからでしょうか。

運によって物事が好転したり、あるいは思いもかけなかった惨事が起きてしまったり……。自分ではどうしようもない状況でもたらされる良いことも、悪いこともたくさん経験しているからこそ、運の力、目に見えない力を信じている方がとても多いように思います。

あの松下幸之助さんも、成功の90%は運だとおっしゃっているほどです。

以前、経営者の方が集まるセミナーに参加した際、皆で伊勢神宮に参拝に行きました。そのとき、一緒に受講されていた経営者の方々が用意されていたお賽銭《さいせん》はなんと1万円！　私はお賽銭といえば、小銭をチャリーンと投げるイメージしか持っておらず、お賽銭箱にお札を入れるという発想すらありませんでした。

（え？「ご縁がありますように」で5円を入れるんじゃないの？　ちょっと語呂を良くして「始終ご縁がありますように」で45円入れたり、奮発して財布の小銭を全部入

れたりすることはあるけど、まさか1万円⁉)

それも参拝する箇所は1か所だけではないのです。十何か所と周るので、すべてに1万円を入れていたら、お賽銭だけで1日で10万円~20万円も使うことになります。
余談ですが、私は皆さんが1万円を用意されているという話は事前に伺っていましたが、当時はお金に余裕もなく、精いっぱいの背伸びをして新札の5千円札を用意して持って行きました。心の準備をして行ったものの、いざお賽銭箱に5千円札を入れようとしたときには、手が震えたものです。この伊勢神宮の体験は、私に大きな衝撃を与えました。

あれから25年。今はここぞという場面では、神社のお賽銭箱に1万円を入れるようにしています。お金がない時期は「お賽銭に1万円を入れるなんて信じられない！もったいない！」というのが本音でしたが、今は見守っていただけている感謝の気持ちを込めて、あえてそのようにしています。

もちろん、金額の多寡が重要であるわけではありませんが、あの世にお金を持っていけるわけではないのです。私利私欲を捨て、**「今年もありがとうございました。目標を必ず達成するので引き続き見守ってください。ありがとうございます」**と、自分なりの誠意を示したいと考えています。

ルール12
孤独は1人で抱え込まないこと

信心深く、大胆なお金の使い方をするのは、経営者気質の人の特徴のひとつと言えるかもしれませんが、ときにはそれが裏目に出ることもあります。

経営者の中には占いや開運に熱心な方も多いのですが、夢中になりすぎて占いに依存してしまった、詐欺の開運商法に引っかかった、といった話もよく耳にします。

なぜ、経営者が占いや開運に夢中になるのか？　その裏には「孤独」が隠れているのだと思います。人は誰しも、弱っているときに誰かにすがりたくなったり、救いを求めたり、確証がほしくてたまらなくなったりすることがあります。

経営者は、つねに最終的な判断・決断を自分で下さなくてはなりません。自社の社員に自分の悩みを打ち明けるわけにもいきません。だからこそ、人より孤独を抱えやすいのです。

私にも、ずっといろいろなことを相談させていただいていた人生の大先輩がいました。ところが、その方が亡くなり、悩みを相談できる相手がいなくなってしまいました。まもなく10年が経とうとしていますが、この間はずっと苦しかったです。

誰かに相談したくてもできない。会社のことや部下のことで悩んで、悩んで、結局、訳もわからないまま、占いやスピリチュアルな助言にすがりつき、言われるがまま多額のお金を使ってしまった時期もありました。

人は、自分でどうすればいいかわからない状況に陥ると、なにかに依存せずにはいられなくなる、ということを私はこの身をもって学びました。今思い返せば「アホやったな」と冷静に振り返ることができますが、当時は必死だったのです。

今はすっかり目が覚めていますが、そうした自分自身の経験からも、「冷静に考えればうさんくさい」と思えるような信憑性のない占い商法、開運商法に夢中になってしまう人の気持ちもわかります。最後にひとつ、ポンと背中を押してほしいのです。

「大丈夫ですよ」と言ってもらいたいのです。

孤独は、何も経営者だけが抱えるものではありません。人は誰しも弱く、なにかにすがりたいという依存の心を持っています。人と人との関係がますます希薄になるこれからの時代、孤独とどう向き合うかは、すべての人の課題であるとも言えます。

ただ、良い話もあります。インターネットを使えば簡単に人とつながることができる今は、年齢や住んでいる地域ではなく、価値観で人とつながることができる時代です。近くに気心の知れた友人がいない、相談できる相手がいないという人でも、オンラインであれば出会いの可能性が無限に広がっています。

大丈夫。世界は広いのです。あなたの気持ちに共感してくれる人はきっといます。孤独を1人で抱えるのではなく、自分の心が豊かになるような人々とつながり、真の友を見つけてくださいね。

ルール13
決して運まかせにしない

人生において運の力はとても大事ですが、運だけで成功する人はまずいません。一時的なラッキーはあり得たとしても、それが長く続くわけではないからです。

もし今あなたの人生がうまくいっていないのだとしたら、それは運のせいだけではないでしょう。「運さえ良ければ……」と開運に躍起になっても、それだけでは人生はうまくいかないのです。私は宝くじが当たったことはありませんが、あぶく銭は一瞬で消えてしまうことは痛いほど経験してきました。

『運に期待しているうちは、成功などできません。「チャンス」とは、自らの手でつくりだすものだから』

自分で考えた言葉だったか、どなたかから教えていただいた言葉だったか忘れてしまいましたが、古いノートに書いてありました。チャンスの芽はとても小さくて、そのときにはそれがチャンスなのかどうなのかすら、よくわかりません。

しかし、チャンスの女神は前髪しかないと言われる通り、どんなに小さなチャンスの芽であったとしても、そのときを逃すと後から掴むことはできないのです。

目の前にあるチャンスにそもそも気づけない人。気づいても掴みそびれる人。気づいたその瞬間に見事にゲットできる人。これはアンテナの高さの違いだと思います。

出会いも運も、求める心が引き寄せます。常に欲して求めているからこそ、「これだ！」と勢いよくチャンスを掴むことができるのです。

私はこれまでの人生で**「運に助けられた」**としか思えない場面が多々ありました。

その瞬間だけを見て、「あなたは運が良くていいね」と言われることもあります。

確かにその通りではありますが、実はその運を引き寄せるために裏ではものすごくたくさんの行動をしています。

いろいろなアイデアを考えて、種をまき、行動して、その中のひとつが運よく芽吹いてくれたからこそ、良い方向に動き出すことができているのです。ただ口を開けて運が巡ってくるのを待っていたわけではない、ということは強調してお伝えしたい部分です。


あるイベントで集客がうまくいかず、このままいけば大赤字になってしまうというピンチがありました。あの手この手で告知をしたものの、申込みはいっこうに増えませんでした。

先に結論からお話をすると、そのイベントは最終的に満員御礼で当日を迎えることになります。実は開催の数日前に、ある方がＳＮＳを通じて告知をしてくださり、その方の影響力をお借りする形でイベントの情報が拡散され、結果的にたくさんの方にイベントに参加していただくことができました。

大赤字からの大逆転。結果だけを切り取ってみれば「運が良かった」と言えるでしょう。しかし運まかせで何もせず「誰かなんとかしてくれ〜。幸運降ってこ〜い」と手放しで待っているだけでは、きっと何も起こらなかったはずです。

私は、このままではイベントが大失敗してしまうという危機感から、様々な人に、集客で苦戦しているという事情を正直にお話し、告知協力のお願いの連絡を入れました。もちろん、それを受けて協力して拡散してくださるのか、無視するのかは相手が決めることです。

中には、図々しいと思われる方もいらっしゃったかもしれません。しかし待っていても、誰かが勝手に情報を拡散してくれるなんてことはあり得ません。こちらから働きかけてお願いをしてみてはじめて、ＹＥＳかＮＯもわかります。

また、実際に告知に協力していただいたとしても、必ずしも大どんでん返しの展開が起こるとは限りません。むしろ、そんなに目立つことは起こらないことのほうが多いものです。

それでも、可能性が1％でもあるのであればと、私はそこに賭けてぎりぎりまで行動し続けました。その結果として、運の花が咲いたのです。


同様のエピソードは枚挙に暇がありません。（あぁ…もうだめだ…）というギリギリのタイミングで、何度も救われてきました。この土壇場での運の良さは、私が生まれつきもっている星かと言えば、きっとそうではないのです。

礼儀礼節を重んじ、円滑な人間関係を築くための日ごろの努力の積み重ねがあるからこそ、ここぞというときに助けてくださる方が現れるのです。

これは、**どんな人であっても、マメな行動とマメな努力とマメな種まきによって、強運を掴み、開花させることができる**と言いかえることもできます。

何もせずにただ運が巡ってくるのを待つのは、種も撒かずに花が咲くのを期待するようなものです。願っているだけでは夢が叶わないのと同じで、待っているだけでは運はやってきません。

人生の目標に向けて、運の道を切り拓いていきましょう。

私の好きな言葉のひとつに**「最も人を喜ばせる人が、最も幸せになれる人」**というものがあります。何においても、まず自分からギブをすることが先なのだと教えてくれる、大切な言葉です。

幸せを掴み、大きな成功を引き寄せる人の行動を見ていると、やはり皆共通して、**ギブの精神**を実践しています。人に与えてばかりで、一見すると損をしているように見えますが、実は回りまわってより大きなプラスを手にしています。

ただこのリターン、ギブの精神から生まれたより良い運の波は、いつどのような形で巡ってくるのか誰にもわかりません。そのため、ギブの精神が見返りを期待したものではない、という点も大事なポイントです。

一方で、あれが欲しい、これが欲しいと求めてばかりいる人ほど、自分がもらうという意識ばかりで、相手のために何かをするという発想が欠けています。目先の損得で判断して、自分の利益になりそうなことしか関わろうとしない人も同様です。

ベストセラーになった書籍『GIVE&TAKE「与える人」こそ成功する時代』(三笠書房)では、人を3つのタイプに分析し、豊富なデータや事例からそれぞれの特徴を分析しています。

○ギバー：人に惜しみなく与える人
○テイカー：真っ先に自分の利益を優先させる人
○マッチャー：損得のバランスを考える人

どんなタイプの人も、ギブだけ、テイクだけになることはなく、必ず「ギブ&テイク」になるものの、そこに至る考え方や道筋、最終的に得るものがまったく異なると指摘されています。

ギバーは、相手を中心に考え、常に他人が何かを求めているかに注意を払います。お金だけでなく、時間やエネルギー、スキル、アイデアなどを惜しみなく分け、自分が受け取る以上に相手の利益を考えて行動します。

テイカーは常に自分が中心で、与えるよりも多く受け取ろうとします。自分の有利になるように物事を進めようとし、テイクという目的のために、ギブをします。

マッチャーはギブ&テイクが五分五分になるようにします。「これだけしてもらったから、私も同じくらいお返ししよう」という発想で行動するため、ギブとテイクの間に時間的なズレが少ないのも特徴です。

タイトルにも『「与える人」こそ成功する時代』と書かれている通り、この書籍の中では3つのタイプの中で最も大きく成功する可能性があるのはギバーであるとし、その理由やギバーになるための方法が紹介されています。

成功するギバーは「自己犠牲」ではなく、**「他者志向性」を持っている**というのも重要なポイントです。

人に何かを与えることで、自分の取り分が減ると考える人がいます。しかし相手の立場にたって本質的なギブができる人は、全体の利益を増やすことができる人です。限られたパイを奪い合うのではなく、パイそのものを大きくしてしまうのです。結果的に、自分も周囲の人も豊かになることができる、というわけです。

自分がギブしたものが、結果として戻ってくるまでには長い時間がかかります。あの日のアレが返ってきたと、わかりやすい形で戻ってくることも稀《まれ》です。損得で動かない。しかしながら、長く生きていると、ギブをしたほうが結果的に得をするのだということは、知っておくべきでしょう。

見返りを期待せず、損得計算をせず、まずは私の言葉を信じて、ギブを続けてください。いつか必ずその価値がわかります。

私は、**物事は何事も「出す」が先**だと考えています。

自分からギブするからこそ、周囲から与えられる。身体から不要なもの、悪いものを出すからこそ、良いものが取り入れられる。悩みを捨てるからこそ、新しい挑戦ができる。呼吸も吐くが先、出入り口も出口が先です。

そして、**お金も使うからこそ自分に入ってきます。**よくお金は「血液」に例えられます。私たちが使ってお金を回すからこそ、社会が潤い、結果的により良い暮らしを送れるようになります。

1万円札の原価は、約22円だそうです。どれだけ1万円札を有難がっても、「もの」としてのお札にはさほど価値はありません。**お金は使ってはじめてその真価を発揮し**

ます。このお金の使い方という観点は非常に重要です。うまく使えば人生に豊かさをもたらしてくれます。一方で、使い方を間違えれば、不幸の源にもなってしまうものです。

ところが、世の中を見渡してみると「お金の稼ぎ方」や「楽してお金を手に入れる方法」といった情報は溢れるほどあるのに、お金の使い方を大々的に教えている人は少ないのです。

なぜだと思いますか？　それは情報を受け取る大半の人が、お金さえ手に入ればうまくいくと考え、お金を得る方法ばかりを求めているからです。結果的に、生きたお金の使い方をできる人とそうでない人の間には、差が開くばかりです。

生きたお金の使い方とは、わかりやすく言えば「投資」です。

賢い人は、支出の中の「投資」の割合が高いのです。支払った金額以上のリターンを受け取ることができるため、どんどん豊かになります。反対に、正しいお金の使い方を学んでいない人は消費（生活するために必要な出費）や、浪費（衝動買いやギャンブルなどの無駄づかい）が多くなります。

投資といっても株取引や投資信託といった一般的なイメージの「(金融)投資」だけでなく、スキルアップのための自己投資や、部下に食事をご馳走するなど、**投じたお金以上の価値を(将来的に)得られる可能性があるお金の使い方**を意味します。中でも、人に対する投資は得られるリターンも大きいということを、私は経験則で学びました。学びやスキルアップのための自己投資を惜しまない人は、数年後に稼げる金額の桁が変わります。さらに自分以外の人に対して、その人が本当に喜ぶお金の使い方ができる人のところには、計り知れない恩恵が巡ってきます。

我が社の専務取締役である牧野紀子は、お金の使い方が本当にキレイです。自分のために、そして人のために生きたお金の使い方をします。

出張で全国各地を飛び回る日々。私よりも何倍も忙しい超ハードスケジュールの中、訪問先の方への手土産も丁寧に吟味します。売店で目立つところに売っていたから、なんて安直な理由で選ぶことはなく、「○○さんのところは、小さなお子さんがいるから、可愛いキャラクターのものがいいだろう」「△△さんは、最近、健康に気を付けていらっしゃるから、あのお店のヘルシーなお菓子にしよう」など一人ひとりに合わせて、相手にどうすれば喜んでもらえるかを真剣に考えます。

彼女はよく両手いっぱいの紙袋を持って歩いていますが、そこにはいつも誰かへのプレゼントが入っています。

また、彼女はどこにいってもお店の人に好かれます。なぜなら気前がよく気持ちのいい買い方をするから。そして店員さんを大事にするから。お店の方にとっては最高のお客様だと思います。そして結果的に、「牧野さんのためなら」と特別な待遇を受けられたり、難しい要望にも対応いただけたりするのです。

生きたお金の使い方は、自然と身につくものではありません。人生の先輩たちの姿を見て、学ぶしかないのです。牧野の場合は前職の上司の方々、私の場合は両親、そして営業職をはじめて出会ったお客様や人生の大先輩方からたくさん教えていただきました。

気前よくお金を使う、人のためにお金を使う、店員さんを大事にし、店員さんからも大事にされる。そんな両親や、恋人、年齢層の高い人生の大先輩に巡り合えた方は本当に幸運です。ただ「ご馳走になれてラッキー」と思うのではなく、その姿から学び、しっかりと吸収してください。もし、これまでそういう方と出会う機会がなかったという人も、これからお付き合いをすれば良いのです。

生きたお金の使い方をする人を見極める方法は実は簡単です。店員さんに好かれているかどうかを見れば良いのです。

ルール16　物でもお金でもないギフトを贈る

自分から積極的にギブをしましょうという話をすると、自分にはできないと首を横に振る方がいます。

「生活が苦しくて、自分以外の人のために使うお金なんてありません。朝倉先生が他の人にギブをできるのは、心とお金に余裕があるからですよね？」

そう率直な意見を述べてくれた方もいました。ここには2つ誤解があります。

まず、部下や後輩にご馳走をしたり、人に贈り物をしたりしている人が必ずしも金銭的余裕があるわけではないということ。部下に美味しいご飯を食べさせている裏で、自宅では質素なお茶漬けをすすっている。そんな人もたくさんいます。

そして、もうひとつの誤解。それはギブとは必ずしも物やお金などである必要はない、ということです。むしろそれ以外の要素のほうがずっと大事です。

私は生きるうえで**「礼儀・礼節」**をとても大切にしています。

まさに礼儀とは生きる力であり、相手を大切に思っている、敬っているという気持ちをカタチに表す行為です。そのように考えると、自分自身の立ち居振る舞い、選択のすべてが相手へのギフトになり得るものです。

例えば、デートに行くとき。あなたはどんな服を選びますか？　自分が一番輝ける服？　お気に入りの服？　いいえ。選ぶべきは、一緒に食事をする相手が喜ぶ服装です。プレゼントやお店選びだけではなく、服装や表情、会話のテーマまで「どうすれば相手がもっと心地良い時間を過ごせるかな？」という発想で選択すれば、振る舞いのすべてが相手へのギフトになります。

形のないギフトを贈りたいと思ったとき、誰でも今すぐできて、ほぼ間違いなく喜ばれることがあります。それは**「ありがとう」**をまっすぐ伝えること。

ランチを食べた定食屋さんで、ちょっと一息いれた喫茶店で、店員さんに**「ごちそうさまでした。美味しかったです」**と相手の目を見ながら伝えてあげてください。

バスを降りるときに運転手さんに対して、飛行機を降りるときに客室乗務員の方に対して自分から**「ありがとうございました」**と声に出して伝えてください。

あなたが発する「ありがとう」の言葉は、相手の心を温める大きなギフトです。

ルール17
苦しいときこそ笑うのが大事

「平和は微笑みからはじまります」

これは、ノーベル平和賞を受賞したこともある、あのマザーテレサの言葉です。世界情勢が不安定になり、戦争や内戦も勃発している中、改めてグッとくる言葉ですね。

あなたは、誰かの笑顔にドキッとしたことはありますか？　誰かの素敵な笑顔につられて、自分も自然と笑顔になったことはありますか？　私は何度もあります。

笑顔には強烈な引き寄せのパワーがあります。言葉が通じなくても、相手の名前さえ知らなくても、笑顔だけで心が通じ合う経験を、あなたもしたことがあるのではないでしょうか。人は素敵な笑顔のあるところに自然と集まってくるのです。

笑顔が素敵で愛嬌のある人は、人から可愛がられ、人から好かれます。どんなにお顔のつくりが良くても、つまり美人やイケメンだったとしても、ブスっと不機嫌な顔をしていると話しかけにくいものです。ブスッとしているからブスと言われるのです。

私は飲食店の店員さんや売店のレジの方などから、笑顔の素敵な接客を受けたら**「笑顔が素敵ですね」**と声をかけるようにしています。すると皆さん、さらににっこりと笑って「ありがとうございます！」と最高の笑顔をプレゼントしてくださいます。たったこれだけのやりとりで、その日は一日中幸せな気持ちで過ごすことができるものです。笑顔には、人を幸せにする力もあります。

ところで、あなたは日頃から笑顔でいることをちゃんと意識していますか？　楽しいときや嬉しいときに笑うことは誰にでもできます。しかし、しんどいときや苦しいときに、意識的に笑顔をつくるのは簡単なことではありません。

私の亡き親友は**「笑顔は最高の教養」**だと言っていました。美しい笑顔は人に勇気と希望を与えます。教養ある人は、その笑顔をつくるために陰で見えない努力しているのです。

私が主宰する**「トップセールスレディ育成塾（ＴＳＬ）」**には、様々な過去を持つ女性が集まります。中には壮絶な過去を生き抜いてきた経験をしていたり、現在進行形で大きな問題を抱えていたりする人もいます。

しかし、彼女たちはしんどい、苦しい思いを見せず、いつもニコニコと笑っています。自分の中に秘めた負の側面を周囲に悟らせず、最高の笑顔を見せる彼女たちを、私は心底美しいと思うのです。

私も、自身の過去の写真を見返すと、結婚していたころの写真はずいぶん寂し気で、暗い顔をしています。20代のはずが、今よりも老けているのではないかと思えるくらいです。「なんで私がこんな目に……」、そんな不平不満をしっかりと顔に出していました。

その後、家を飛び出したあとは、寂しさと借金と戦う日々。もちろん苦しかったのですが、そのころから「しんどいからって、しんどい顔をしていても何も変わらない」

と気づきはじめました。

しんどそうな顔をしていても、誰も助けてくれないし、むしろ人は離れていくばかり。それならせめて、心と逆をやろうと「しんどいからこそ笑え！」と自分に言い聞かせてきました。当時の写真を見ると、人生のどん底にいたはずなのに、我ながらいい顔をしています。

しんどいときこそ胸を張れ！辛いからこそ笑え！

そう心に刻み、ずっと意識的に笑っていました。まだまだ借金まみれで生活は苦しかったのですが、私の運気が確実に上向いてきた時期です。運気アップと笑顔は密接に関係をしているのです。

笑顔でいる人、微笑んでいる人を見てそれを嫌う人は少ないものです。いや、まったくいないのではないかとも思います。街で見かけた小さなお子さんがニコッと笑いかけてくれたときなんて、幸せメーターが振り切れそうなほど満たされた気持ちになります。笑顔には素晴らしい効用がたくさんあります。それでいてスマイルは0円。今、この本を読みながらでもできてしまいます。

これまで笑顔でいることを意識していなかった人は、はじめは「笑っているつもりなのに、いい笑顔にならない」ということもあるかもしれません。

お顔の表情は表情筋でつくられます。身体と同じで、日ごろから動かしていないと凝り固まってしまうのです。いつもしかめっ面ばかりしていると、しかめっ面の筋肉に固まってしまい、自然な笑顔がなかなかつくれません。自分では笑っているつもりなのに怖い顔をしていることもあります。

また、口角は上げることができても、目尻を下げられない人も意外と多いものです。口元が笑っていても目が笑っていないと、不気味です。特にコロナ禍でマスク生活に慣れてしまったため、表情筋が衰えている人が非常に多いです。

素敵な笑顔をつくるのも筋トレです。

トレーニングを重ねることで確実に表情筋は鍛えられます。鏡の前で、笑った顔、怒った顔、悲しい顔、変な顔をつくる練習をしてみましょう。企業研修でも取り入れている、表情筋のトレーニングです。顔の筋肉がほぐれて、良い表情がつくりやすくなります。笑うときは口角をしっかり上げて、上の歯が10本見えるようにします。目もにっこりと笑えるように練習してくださいね。

微笑みは、人生の通行手形。笑顔は人だけでなく、運も引き寄せます。

ルール18
心を整えるためには、まず身体から

先ほどの笑顔の話にも共通することですが、**心・マインドを整えるための近道は、身体・フィジカルの使い方を変えること**です。

ひとつ実験をしてみましょう。落ち込んだときは、どんな姿勢になりますか？　本を読みながら実際にやってみてください。できましたか？

では次に、自信のある人はどういう姿勢ですか？　これもやってみてください。これは講演会などでもよく行う実験なのですが、面白いことにどこでやっても100％同じ結果になります。

「落ち込んだとき」と言うと皆さん背中を丸め、首を垂《た》らします。逆に「自信のあるとき」と言うと、背筋をピンと伸ばし胸を張ります。あなたもそのようにしたのではないでしょうか。

落ち込んだ姿勢のまま「絶対に目標達成するぞ！」と言ってみてください。言えましたか？　きっとすごくやりづらかったはずです。同じように、自信のある姿勢で、弱気なことも言いづらいのです。

姿勢は、私たちの感情をとてもよく反映しており、同時に感情も姿勢から影響を受けています。つまり、身体の使い方を変えることができれば、心の状態も変えられるということです。

心を整えるためには、身体の使い方を変えるのが最も簡単です。性格をすぐに変えることはなかなかできません。しかし、姿勢や身体の使い方であれば、今日このときからでも変えられます。

また私たちは、姿勢を通して他人に自分の印象を与えています。

例えば、背もたれに背中を預けて足を組み、腕を組み、顎《あご》を上げながら話している人がいたとします。あなたはどんな印象を抱きますか？　きっと「偉そうな人だな」と思うことでしょう。

では、背中を丸めて、下を向き、ボソボソと話している人がいたらどうでしょうか。「この人はきっと自信がないんだろうな」と思うことでしょう。

また、美しい姿勢で椅子に座り、前のめりで相手の目を見ながら熱心に相槌《あいづち》を打ち、話を聞いてくれる人がいたらどうでしょうか。「この人は私の話を熱心に聞いてくれている！　すごくいい人だ！」と思うのではないでしょうか。

実際に心の中でどう思っているかはまったく関係なく、姿勢ひとつで自分のマインドも、人に与える印象も驚くほど変わります。ところが、これだけ大切な「姿勢」に対して、ほどんどの人が無頓着です。無意識で、自分の感情のまま、自分が楽な姿勢をとっている人が大半です。

さあ、あなたはもう姿勢ひとつで心が整い、周囲の人に良い印象を与えられるということを知りました。知ったらあとは実践するのみ！　美しい女性になりたいのであれば、美しい女性らしい所作や振る舞いから。エグゼクティブのようになりたければ、重要人物に見られるような立ち居振る舞いを身につけることから。身体を整えることによってあとから中身がついてきます。

しんどいときこそ胸を張れ！
辛いからこそ笑え！

私は姿勢も表情も、ずっと心と逆をやり続けていました。型・形を変えることで、中身はあとからついてきます。身体を整えることで、心が整う。そして心と身体のギャップは、いつしか人としての器を拡げ、人生に深みをもたらしてくれるのです。

ルール19
良い人とお付き合いをする

良い人生を送りたいと思うならば、良い人とお付き合いをしてください。

私たちの人生は、どんな人と関わるかによって大きく変わります。

「つるみの法則」というものを聞いたことはありますか？

つるみの法則とは、自分の周りにいる人たちの平均年収と自分の年収が近づく、という法則のことです。経験則にはなりますが、このつるみの法則は、年収以外のすべての面に当てはまると私は確信しています。

人は無意識のうちに、近くにいる人の真似をし、その人と似ていきます。お互いに影響を与え合うのですね。そう言えば、血のつながりのないはずの夫婦でも長年一緒にいると、見た目までそっくりになっていきます。関わる相手によってインプットされる情報が変わり、考え方も変わり、ときには見た目まで変わり、結果が大きく変わることになります。

経営コンサルタントの大前研一さんは、人生を変える3つの方法のひとつとして**「付き合う人を変える」**という項目を挙げていらっしゃいます。

人間が変わる方法は三つしかない。
一つは時間配分を変える、二番目は住む場所を変える、三番目は付き合う人を変える。この三つの要素でしか人間は変わらない。

出典：大前研一・ほか著『時間とムダの科学』（プレジデント社）2005年

付き合う相手によって人生が大きく左右されるのであれば、自分から見てすごいと思える人、憧れる人、自分に運をもたらしてくれるような人とお付き合いをしたいものですよね。

私はよく「無理めの人と付き合う」という表現をします。自分にとって少し背伸びをするような相手とお付き合いをすることで、次第に自分の基準が上がっていきます。ただひとつ大事な観点があります。いくらこちらがその方とお付き合いをしたいと思っていても、相手にとってもあなたがお付き合いするに値する人物にならなければ、その思いは実らないのです。さらに言えば、出会いを引き寄せるのは自分自身。まずは、自分を変えないことには出会いの質も変わりません。

株の業界に身を置いていたとき、私はとてもギラギラしていました。子どもたちを取り返したい、何とかしてお金が欲しい、豊かになりたい……。わかりやすく言えば、お金の欲にまみれていました。

するとどうなったか。同じような人ばかりが集まるのです。

お金の欲に目がくらんでいるときは、お金の欲に目がくらんでいる人とばかり出会います。見返りを期待して人間関係をつくろうとすると、私のことを利用しようとする人とばかりとつながります。

そして、結果どうなったか。たくさん騙されました。利用されていたことに後から気づきました。小さな元手を使って、一攫千金を狙おうと躍起になった私に残ったのは大きな借金だけでした。

しかし、それもこれも、すべて私が引き寄せたことです。お金の欲に目がくらみ、私利私欲のエネルギーを全身から発してしまっていたのです。

ある日、義理の妹から「義姉さん、ほんまに変わりましたね」と言われました。どういうことかと尋ねると、「昔は、『この人すごいねん！』って紹介してくる人、みーんなお金持ちばっかりでしたよ」と言うのです。

自分ではまったく気づいていませんでしたが、昔の私はお金でしか人を見ることができていなかった未熟者だったのです。

経験してきた数多くの失敗も、きっと私の守り神が「お前は今そんなことをしている場合じゃない」と教えるために、あえて与えてくれたのではないか……と、今なら思えます。

自分が良い人になろうと思ったら良い運を引き寄せます。自分が悪い人のままだと、悪い運を引き寄せます。善人は善人と、悪人は悪人と繋がっていくのです。

また、運が良い人は、運が良い人としか関わりません。運が良い人は、その嗅覚なのか感性なのか、運が悪い人を察知し避ける能力が極めて高いのも特徴です。

もし、いま「良い出会いがない」「良い人がいない」という悩みを抱えているとすれば、まだまだ自分がそのレベルなのだと自覚しましょう。

つるみの法則とは、わかりやすく言えば、類は友を呼ぶということ。良い出会いを引き寄せたかったら、まずは出会う価値がある人間になれるよう、自分を磨くしかありません。

【第2章のアクションプラン】

- □ 1人の人の顔を思い浮かべ、その人が喜ぶことを考えてみる
- □ 「会いたい」と思う人にわざわざ会いに行く
- □ 神様・仏様に日ごろの感謝の気持ちを伝える
- □ 価値観や感性が似ている友人をつくる
- □ 疎遠になりかけていた人に、自分から連絡をする
- □ 隣の席の人に、手助けを申し出てみる
- □ 人に食事をご馳走する
- □ 店員さんに「ありがとう」を伝える
- □ 鏡の前で笑顔の練習をする
- □ 背筋をピンと伸ばし、胸を張る
- □ 特に接触回数の多い10人の人の特徴を書き出す

第3章

愚かな人にならないために

比べるのは他人ではなく、昨日の自分。
昨日の自分よりも
少しでも成長している部分を見つけ、
自分で自分をちゃんと褒めてあげましょう。

ルール20
正論や正解に固執しない

「愚かな女性になるな」――。ここ数年、意識して**「トップセールスレディ育成塾（TSL）」**の塾生たちに伝えていることです。

私はこれまで**「働く女性の応援団長になる」**と宣言し、女性たちの自立支援、教育に力を注いできました。20年間、女性たちの教育に携わってきて、これからは女性たちの時代になるという確固たる確信と、彼女たちが持つ限りないポテンシャル、エネルギーへの期待を持っています。

一方で、多くの女性たちと触れ合い、その実態をリアルに見てきたからこそ「愚かな女性が多すぎる」という危機感も持っています。

男性、女性で分けるのは乱暴だと感じられるかもしれません。しかし、今の日本社会の女性たちの多くが、社会で活躍するために必要な教育を受けておらず、また自分でも学んでいないのが現実です。

今でこそ、女性が働くのは当たり前。職場でも教育や機会を、性別に関係なく平等に与えようという動きがあります。しかしTSLを開講した20年前は、女性活躍推進なんていう言葉はなく、社会人教育の9割は男性向けでした。

女性が働くのは結婚、出産するまでの「腰掛け」というのが一般常識で、企業はわざわざ女性社員に投資をしようとすることもありませんでした。

結果的に高校、大学までの勉強はしていても、社会に出てからの必要な学びが足りておらず、本質を理解しないまま働き続けている女性が実に多いのです。

ただでさえ、日本の社会人は「勉強しない」という事実があります。

2019年にパーソナル総合研究所が行った調査では「自分の成長を目的として行っている、勤務先以外での学習や自己啓発活動」という問いに対して「特に何も行っていない」と答えた日本人は半数近い46・3%にのぼりました。これは諸外国に比べて圧倒的に高い数字です。

例えば、同じ項目で中国は6・3%、インドは4・9%、ベトナムにいたっては、たった２．０％です。ご近所のアジアの国々では、９割以上の人々が自分の成長のためにちゃんと勉強しているということです（２０１９年８月パーソナル総合研究所「ＡＰＡＣ就業実態・成長意識調査」）。

また、別の調査では、日本の人材投資は先進国の中で最下位かつ年々低下傾向にあるとされています。日本のＯＪＴ以外の人材投資額はＧＤＰのわずか０．１％とされています。この調査の中で人材投資額がＧＤＰの１％を切っているのは日本だけでした。（厚生労働省「平成30年版 労働経済の分析」）自分で学ばない。会社も社員に学ばせない。

残念ながらそれが今の日本の現状です。

大人になってからの学びは学生時代のような「正解がある」勉強ばかりではありません。技術的なスキルを身につけたり、資格を取得したりするための勉強もありますが、人と関わる力やコミュニケーション力は、どんな業種の人にも不可欠で、学びに終わりもありません。

上司・部下、営業、お客様、家族、取引先……。社会はすべて人と人との関係で成り立っています。そこには必ずしも答えがあるわけではありませんし、時と場合によって答えが変わることもある難しいものです。

たとえば、論理的に正しいことであっても、それがまかり通らないのが現実です。

私も昔 **「正論を主張すると運命が悪くなる」** と教えられたことがあります。そのときは、その真意が理解できなかったのですが、今はとても良くわかります。

正しいことであっても、ハッキリ断定して主張されると、自分を否定されたと感じ、人はムッとしてしまいます。正論だからこそ主張の仕方に気をつけないと、余計に事態がこじれ、敵をつくってしまうこともあります。そこで「私の意見が正しいのだから、受け入れないなんておかしい！」と憤慨してみても、状況が改善しなければ何の意味もないのです。

人と関わる力は一朝一夕では身につきません。

学び、実践し、失敗し何度も繰り返しながら磨いていくしかないのです。私もこれまでにたくさん失敗しました。それこそ愚かな真似をしてしまったことも、恥ずかしながら一度や二度ではありません。そうやって経験を積んできたからこそ、この年齢になり多くのものが見えるようになりました。

60歳を過ぎ、そろそろ本音を世の中にぶつけてもいい年齢になったと思っていますので、この章ではあえて厳しい目線で問題提起をしたいと思います。

ルール21
「自分はできる」と信じること

愚かな人がやっていること。そのひとつが、一時の感情に振り回されて、間違った選択をしてしまうことです。腹が立つとすぐに怒る、悲しいからと人目を気にせず涙を流す、拗《す》ねて意地悪をする……。そんな感情的な言動は、大人の世界では「幼稚」だと見なされます。また、目先の損得勘定で動き、結果的に大きなものを失っている人も何度もみてきました（過去の私も含む……）。

一時の感情や損得でつい動いてしまう人には、ある共通点があります。それが、**自己肯定感が低いのに自己顕示欲が異様に強いこと**、です。


まず、日本人は傾向として自己肯定感が低いことが指摘されています。内閣府の意識調査によると「自分自身に満足しているか」と尋ねた質問で、「そう思わない」と答えた日本人は45．1％。つまり半数以上の人が自分に満足できていないという現状が分かります。

自分自身に満足できている人の割合は、同じ調査で諸外国に比べるととても少ないのです。これが例えばアメリカでは87％、フランスでは85．8％、お隣の韓国でも73．5％と、明らかな差が出ています。

日本人の自己肯定感が低い原因として、日本独特の慣習や教育環境も指摘されています。日本は和を重んじるがゆえに、自己主張を良しとしない風潮が少なからずあります。

出る杭は打たれる、出しゃばりは良くない、みんなと同じ行動をとったほうが安全だ、他人に迷惑をかけてはいけない、遠慮は美徳など、幼いころからこうした価値観を植え付けられてきた人たちは、どうしてもありのままの自分を出すことに抵抗感があるようです。

特にこの傾向は女性に強くあります。

私も「女はでしゃばるな」「3歩下がって男性を立てろ」と言われ、自分を主張することを抑えられてきた世代の女性の1人です。女性たちにとって「できること」は隠すべきことであり、特に、勉強ができる、仕事ができるというのは、尊敬に値するどころか、ネガティブにとらえられることもあるのです。令和のこの時代でも、です。

控えめにいることが良いことだと教えられて育ってきた女性たちは、仕事の場においてもその考え方から抜け出せずにいます。本当は言いたいことがあっても自分からはなかなか話そうとしません。「私なんかがこんなこと言っても喜ばれない」と自分を押し殺しているのです。

自己肯定感が低い人は、いつも自分に自信がありません。結果を出していたとしても、自分の実力ではないと感じてしまい、自分を過小評価しがちです。

しかし、自己肯定感が低いままでは、運が巡ってきてもその運を掴むことができません。なぜならば、うまくいく自信がないから。

「やったことがないから」
「失敗したら嫌だから」
「責任が重すぎる」
「私なんかが頑張ったところで」

そんな言い訳が次から次に浮かび、躊躇してしまい、行動できず、結果何も変わりません。そして、本当はとても環境に恵まれていて、強い運を掴んでいたとしても、そのことに気づくことすらできないのです。幸せな人生を送るために、自己肯定感を上げることは必要不可欠です。

そして、自己肯定感を高く持つことには、もうひとつ大きな意味があります。それは、他の人を認められるようになることができる、ということです。自分が幸せではない、自分が豊かではない、自分を認めることができない、そう思っている人が他人

あなたは、もっと輝ける
朝倉千恵子
「7つの力」
LIVE 講演会
オンライン版TSL特別説明会
本書をお読みいただいた方 限定！
講演会お申込で 音声メッセージ プレゼント！
幸せで、後悔のない人生を送るために
必要な「7つの力」を
朝倉千恵子が伝授します。
参加費無料！
お申込はQRコードより
第一部：朝倉千恵子 LIVE 講演会
第二部：7つの力を習得する体験会
第三部：個別相談会
https://ex-pa.jp/item/52251
愛され力
メンタル力
行動力
未来設計力
コミュニケーション力
健康力
魅せ方力
自立した女性

の幸せを心から願えるわけがありません。自分を肯定できるからこそ、他人も肯定できるのです。

ルール22 自己顕示欲をコントロールする

感情に振り回されがちな人のもうひとつの共通点。それは、**自己顕示欲**が高いこと。自己顕示欲とは、周囲から注目を集めたい、自分をアピールしたいという欲求のことです。承認欲求と言い換えてもいいでしょう。

自己顕示欲そのものが悪いわけではありませんが、今は昔より、人々の自己顕示欲がかなり強くなっています。かくいう私も、SNSの「いいね」の数が気になったり、

YouTubeのチャンネル登録者数の増減に一喜一憂したりしてしまいます。SNSの世界では、近しい価値観の人が集まりやすく、自分の求めている反応が得られたり、思いがけず大勢の方から注目を浴びたりすることもあります。次第に、自分の身の丈以上に自己顕示欲がふくれあがってしまうのです。

自分で自分のことは肯定できないのに、他者からは認められたい。なんとも歪《いびつ》な感情ですが、多くの人がこのジレンマに苦しんでいます。もちろん、自己肯定感が高く、自己顕示欲も高い人もいますが、自己肯定感が高い人は、自分で自分を認められるので特に問題ありません。

やっかいなのが、自己肯定感と自己顕示欲のバランスが取れていないケースです。自分を肯定できない欠乏を、他の人からの評価で埋めようとします。しかし、自分で自分を認められないような人を、周囲の人が魅力的に感じるかと言えば、そうでないことのほうがきっと多いでしょう。

また、仮に相手が本心から褒めていたとしても、そもそも自己肯定感が低い人は、「ただの社交辞令に違いない」「もしかしたら嫌味かもしれない」などと勝手に湾曲して解釈し、結局自己顕示欲や承認欲求が満たされないまま、不満を抱え続けるということも珍しくありません。

自己肯定感が低く、自己顕示欲が強い人が最終的に行きつくのは、強烈な嫉妬と不満です。いつまでも満たされないまま、最終的には他者を攻撃することでそのストレスを発散しようとする人もたくさんいます。

しかしその先に、幸せは待っていません。他人を攻撃すればするほど、嫌な気持ちは高まっていきます。

自己顕示欲をコントロールするヒントは、**人と比較することをやめること。**

ＳＮＳやインターネットでは、これまでは交わることがなかった世界が交わったり、見えることのなかった世界が見えるようになったりします。知らない世界が知れるという良い面もありますが、自分と他者を比べる機会を増やしていることにもなります。

比べるのは他人ではなく、昨日の自分。昨日の自分よりも少しでも成長している部分をみつけ、自分で自分をちゃんと褒めてあげましょう。

ルール23
悩むのをやめて行動しよう

私は30代のころからこれまで、自己啓発セミナーをはじめ、多くの学びに自己投資をしてきました。ときには借金をして何百万円もする高額セミナーを受講したこともあります。

セミナーに行くと、いろいろなタイプの人と出会うことができます。当時の私のような若い女性もいれば、経営者の方や個人事業主、これから起業を目指そうとする人もいました。同じセミナーを受講しても、全員が同じような望む結果を手に入れられるわけではありません。受講してから何年経っても同じような状況で、いつもセミナーを受けてばかりの人もたくさんいました。

これは女性だから男性だから、サラリーマンだから経営者だから、といった属性で分かれているわけではありません。

なぜ結果に違いが生まれるのか。その理由はシンプルです。学んだことをちゃんと実行している人と、そうでない人がいるからです。どれだけ有益なことを学んでも、実行しなければ何も変わりません。「こうやったらいいよ」と言われたことを素直に受け止めて、実践行動に移すかどうか。それがすべてです。

「そんなの当たり前のことだろう」と思うかもしれません。しかし、驚くほど多くの人が、学ぶことに満足し、その後の行動を起こさないのです。あるいは行動を起こすつもりはあっても、日々の仕事に忙殺されて後回しになっていたり、「講師の言っていることはわかるけど、私には私の事情があって……」とやらない言い訳を探していたりすることもあるでしょう。

私は、教わったことはそのまま行動に移しました。それしか方法を知らなかったからです。行動に起こしたおかげで、人生は確実に変化しました。これまで、家が買えるほどの金額を自己投資、学びに費やしてきましたが、投資した金額以上のリターンがあったと自信を持って言えます。

私が主宰する女性限定の営業塾**「トップセールスレディ育成塾（TSL）」**の受講生も同じです。受講費は30万円。これは、女性たちにとって、とても大きな金額です。ところが人生を変えたいと言って入塾したものの、学んだことを行動に移さない人がいます。すごくもったいないことだなと思います。

私は彼女たちにやり方やあり方を教えることと、行動の大切さを伝えることはできますが、代わりにやってあげることはできません。私がどれだけ熱心に伝えても、その言葉に感銘をうけたとしても、やはり行動しなければ何も変わりません。**最後の一歩は自分で踏み出すしかないのです。**

「学び」とは行動パターンが変わることで成長することを意味します。どれだけ一生懸命に勉強をしたところでなにも変わっていなければ、それは学んでいないのと同じことです。真剣に学んだのであれば、変わっていなければならないのです。

往々にして、自分の成長の足を引っ張っているのは、自分自身です。

「あなたを邪魔してきたのはあなたです」

以前にこんな言葉を教えていただきました。他の誰もあなたの足を引っ張ってはいない。自分の心が、自分の思いが、自分の足を引っ張っていることのほうが圧倒的に多いのだそうです。

私もこの言葉にとても共感しました。過去の自分を振り返って、私にも当てはまっているなと感じました。なんだかうまくいかない、一歩を踏み出せない。そう感じるときは、自分の心がブレーキを踏んでしまっているのかもしれません。

学んだらとにかく実践行動、そしてアウトプットが重要です。同じように学んでも加速的に成長する人は、自分が学んだことをアウトプットしています。家族や部下・後輩に伝えたり、ブログにまとめたり、SNSに書いたり……。

頭でわかっているつもりでも、実際にやってみたり、自分の言葉で説明をしたりしようとすると、「あれ？　これってどういうことだっけ？」とわからなくなってしまうことがよくあります。人に教えようとすることで、自然と自分の中での理解が深まっていきます。人に教える人が一番成長できるのです。

ルール24

ときには「自分」というキャラクターを演じる

あなたの周りに、「この人は賢いな」と思う人はいますか？

「賢い」とは勉強ができるとか、暗記力が優れているといった意味ではありません。複雑な人間関係の中で、人の心の機微を敏感に察知し、うまく相手を立てながら、理想的なゴールをつくっていく。そんなことができる人を**「賢い人」**だと私は思います。

例えば会社の中で、愚かな部下は上司の揚げ足をとったり、食ってかかったりします。上司をバカにするから、自分も愛されない。当たり前のことですね。

賢い部下は、究極のナンバー2として上司を徹底的にサポートします。そうすれば上司がその部下を引き上げようとしてくれます。それに上司を不快にさせずに自分の主張を伝える方法もよくわかっています。

賢い部下は、上司をも動かすのです。例えば、面談の様子を見ていてもその部下の賢さは良くわかります。賢い部下はお客様先で上司を語ります。そうでない部下は自分を語り、自分が！　自分が！　と自己を主張してばかりです。

賢い人は、「自分」というキャラクターをうまく設定し、演じることができます。自分の素を出す場面と、キャラとしての自分を出す場面をうまく使い分けています。ときには道化を演じてみたり、知っていてもあえて知らないふりをしたり、口をつぐんだりすることもあります。自分を卑下しているのではなく、その場その場に合わせた最適な選択をしているのです。

本当は強いのに、あえて弱いフリをする人もいます。その目的は相手を立てるためであることもあれば、自分を有利な立場に置くためのしたたかさであることもあるでしょう。弱い人は強いふりをしてもすぐに見抜かれてしまいます。強いからこそ、弱いフリができるのです。

特に女性のことを「か弱い」と誤解している男性が多いのであえてお伝えさせてい

ただきますが、女性で弱い人は、まずいません。1人もいません。毎月やってくる生理の痛み、さらに壮絶な出産の痛み。それを乗り越えられる女性たちに弱い人がいるはずはないのです。

しかし、弱い自分を演じている人ならたくさんいます。

「あなたがいないと生きていけない〜」

なんて言っている女性に限って、あなたがいなくても生きていけます。

以前、葬儀屋さんから興味深い話を聞きました。旦那様が亡くなったご葬儀で、ご遺体にすがりついてワンワン泣いている奥様に限って、再婚が速いというのです。逆に涙ひとつ見せないで、毅然としており、「冷たい人だなと」思われていた女性に限って再婚しないまま、1人で子育てをされることを選択することが多いそうです。

もちろん再婚が良い・悪いの話ではありません。女性の心の強さは、目に見えている姿だけではわからないということです。

繰り返しますが、女性で弱い人は1人もいません。強くなければ家族なんて守れませんし、子育てなんてできるはずもありません。

時にしたたかに自分というキャラクターを演じると同時に、他人の本質を見抜く目も磨いていかなくてはいけませんね。

自責か他責か――。この思考の差は、人生の方向性に大きな差を生みます。ハッキリと申し上げれば、他責思考の人は、永遠に自分の人生に満足することはできません。なぜならば、人生の舵取りを他者にまかせているからです。

自責思考とは、すべて自分の責任であると捉え、問題を解決しようとする姿勢です。

逆に**他責思考**とは、問題の責任を自分以外の誰かや何かに求め、相手のせいにして物事を捉える考え方です。

同じ現象に遭遇しても、自責思考の人と、他責思考の人は見えている世界がまったく違います。私たちは現実をありのままに見ているのではなく、自分の考え方や思考をもとにつくられたフィルターを通して、世界を知覚しています。

自分の見たいように見て、聞きたいように聞いているため、根本的な思考を変えないことには、目の前の現実が変わる（変わって見える）ことはありません。

実は私も、昔はずいぶん他責思考な人間でした。人のせいにして文句ばかり言っていた時期もあります。そのせいで人生の貴重な時間をかなりムダにしてしまいました。過去の自分の他責思考のせいで、いまだに後悔していることもあります。

そのひとつが英語です。実は、私は英語が得意ではありません。大の苦手といって差し支えないレベルです。海外旅行に行っても、英語でのコミュニケーションは、通訳の方か、英語ができる同行者にまかせっきりです。将来、グローバルビジネスを展開したいという願望がある私にとって、英語ができないことは大きなコンプレックスのひとつです。

英語が苦手になったのには、あるきっかけがあります。

中学生のとき、英語の先生のことがどうしても好きになれず、英語の勉強を捨てたのです。中学校に入学し、はじめて英語の授業がはじまりました。入学直後は英語の授業がとっても面白く、先生も大好きで、一気に英語が好きになりました。

しかし、その先生が白血病でお亡くなりになり、後任の先生がいらっしゃったのですが、その先生のことはどうしても好きになれませんでした。前任の先生が大好きだったからこそ、2人の違いばかりが目について、授業はちっとも面白いと思えなくなり、気づけば英語は一番嫌いな授業になりました。

授業が面白くない。この先生の教え方は私に合っていない。

だから、英語の勉強なんてやりたくない。

完全に先生のせいにして、私は英語の勉強を放棄しました。結果的に私は英語の苦手意識を今まで引きずり続け、48年以上経った今も後悔しているのです。

当時は心の底から「先生のせい」だと思っていました。しかし人のせいにして良いことはひとつもありませんでした。14歳の私に自責の念があれば、先生の好き嫌いは置いておいて、自分なりの工夫で英語を勉強し、今では海外の方と自分でコミュニケーションをとることができたかもしれません。こんなタラレバ話をしても仕方がないのですが……。

大人になれば他責思考の人が自然と自責思考に変わるかといえば、そんなことはありません。私も、人のせいにせず、何事も自責で考えられるようになったのは離婚して、株で失敗して、営業職として再就職をした35歳くらいからだと思います。人のせいにしている余裕がなくなってからです。

私は仕事柄、女性たちの人生相談も多く受けますが、驚くほど多くの人が他責思考です。上司が、夫が、姑が、地域が、日本の制度が……。そのせいで人生がうまくいかないと文句を言っても、状況はひとつも良くなりません。「それで、あなた自身はどうしたいんですか？」と尋ねると、黙り込んでしまう人もいます。

今、日本には他責思考がより深く蔓延しているのではないかという危機感を抱いています。２０２１年には「親ガチャ」という言葉が、ユーキャンの新語・流行語大賞のトップ10にノミネートされました。

親は自分で選ぶことができず、当たりやハズレがあり、それ次第で人生が決まってしまうという認識が広がっているのです。

特に親や上司は選べないこそ、他責の温床になりやすい傾向があります。スタートラインが人によって異なることは事実です。裕福で何不自由ない暮らしができ、家族は自分の挑戦を応援してくれるような家庭もあれば、お金もなく、なんの罪もない子どもが育児放棄やＤＶに苦しんでいるような家庭もあります。

会社でも、あなたの成長を心底応援してくれるような上司がついてくれることもあれば、利己的で部下の足を引っ張ろうとするような上司の下に配属されることもあります。

それぞれ後者は、「ひどい」環境であることはその通りです。それであっても、やはり矛先は自分に向けてほしいのです。

ルール26
原因と責任を分けて考える

他責思考の人は、原因と責任を混同していることがあります。

「原因」とはある物事や状態をひき起こすもとのことです。「責任」とは、辞書の言葉を引用すると、立場上当然追わなければならない任務や義務のことを言います。もう少しわかりやすく考えて、私は**「責任」とは問題を解決すること**だと考えています。

なにか不測の事態が起こったとき、原因は自分以外にあることもあります。部下がミスをした、上司がいじわるをした、夫に殴られた。自分自身にも非がなかったかと自問しても、どう考えても相手や環境が悪いとしか言いようがないこともあります。

大切なのはその先です。

「この状況を打破するために、この問題を解決するために、自分はどうするか？」

誰一人例外なく、**自分の人生の責任は自分自身がとるべき**です。自分に降りかかるすべては自己責任と捉え、問題を解決しようとする思考プロセスが人生を大きく変えていくのです。

また、自責でいるために常に「自分自身に非はなかったか？」と振り返る姿勢はとても大事ですが、一方で、「どうせ私が悪いんだ」と考えることをやめてしまうのは、意味合いがまったく異なります。

考えることを放棄して、卑屈になり、「どうせ私が悪いんですよね。ごめんなさい」という態度は、究極の他責思考であると私は思います。

もちろん、本当に自分が悪いと思っているのであれば、謝罪をし、次から改めれば良いことですが、多くの場合は悲劇のヒロイン、被害者を演じて、謝ることで現実から目を背けているだけです。

謝り癖のある人は、同じミスを何度も繰り返します。

あなたの人生の責任は、他のだれでもない、あなたがとるものです。原因と責任を冷静に切り分けて、問題を解決する方法を探しましょう。

ルール27
えこひいきされる人になる

「えこひいき」は良いことだと思いますか？　悪いことだと思いますか？　一般的な正論で言えばえこひいきは良くないことだとされています。しかし厳しい現実をお伝えすると、世の中は「えこひいき」でできています。

私は**「えこひいきは、されたほうがいい」**というスタンスです。

私が身を置いていた営業の世界は、えこひいきされる人ほど、結果成果を出していました。お客様はみんなに平等に接してくれるわけではありません。自分の好きな営業から買いたいと思うのが、自然な感情です。結果を出すには、お客様から愛される、可愛がられることが、なによりも大切です。

また、営業とお客様のような利害の関係にある場合でなくても同じです。親や学校の先生、上司も人間です。人間である以上、感情で物事を判断してしまいがちです。同じように平等に見ているつもりでも、つい特定の誰かをえこひいきをしてしまうこともあります。

（あの人ばっかり良い思いをしていてずるい）

（あの人には笑顔なのに、私には怒ってばかり）

（私だってもっとみんなから愛されたい…！）

そう思ってしまいたくなります。しかし、よく考えてみてください。

ひいきされているその人と、そうではない人は、相手に同じだけの価値を提供していますか？　きっとそうではないはずです。

えこひいきがずるいと叫ぶ人は、往々にして仏頂面だったり、気が利かなかったり、服装・身だしなみが整っていなかったり、魅力に欠ける部分があります。逆にえこひいきをされる人は、いつもニコニコしていて愛想が良く、周囲に目を配り、自分から積極的に挨拶をするなど、人に好かれる行動をとっています。

人間関係はすべて「鏡の法則」です。不愛想な態度で接すれば、相手も不愛想になります。感じ良く接すれば、相手も自然と感じ良く接してくれます。こちらがどのようにふるまうか次第で、周囲の方々からの反応は大きく変わります。

えこひいきがずるい、私のことも大切にしてほしいと思うのであれば、まずは自分の日ごろの行いを見直してみましょう。

えこひいきは、する側だけでなく、される側も非難の対象になることがあります。愛想よく振る舞っているだけのつもりなのに「あの人は媚びを売っている」と評価された経験がある人もいるかもしれません。

「媚《こ》びを売る」という言葉はネガティブなイメージで使われます。見返りを期待してすり寄ったり、相手の機嫌を取って気に入られようとしたりする行動のこと指しています。人に媚びる、相手に媚びる、強いものに媚びる。私もそんな生き様や生き方は好きではありません。

しかし、相手に気に入られたい、良い印象を与えたいと思うことは悪いことではないはずです。むしろ相手の気持ちを考えず、不愛想な人のほうが、よほど感じが悪いです。

「媚びを売る」と「愛想が良い」の違いは、礼儀礼節と適度な距離感があるかどうかです。フレンドリーに感じよく話しかけたつもりでも、礼儀が欠けていたり、距離感が近すぎたりすると、相手は不快に感じてしまうので、気をつけてください。

ルール28
自分の機嫌は自分でとる

ここ最近、**「上機嫌でいる」「自分の機嫌は自分でとる」**など「機嫌」という言葉がキーワードになっている書籍や記事などをよく見かけます。まさにその通り！　自分の機嫌は自分でとるのが大人です。

ところが大人になっても、不機嫌をわざわざ顔に出してアピールする人もいます。これは特に女性に多いです。なぜなら女性は子どもの頃から、不機嫌をアピールすることで、周囲が気を使ってくれるという成功体験を積んでしまっているからです。

小さな可愛い女の子が、ほっぺをプーッと膨らませている姿は、なんとも愛らしくて、つい甘やかしたい気持ちになってしまいます。多くの女性がそうやって、機嫌をとられ、甘やかされ、可愛がられて育てられてきました。

なまじそうした経験を多く積んでいるからこそ、無意識のうちに、周囲に気を使ってもらえることが当たり前だと思い込んでいる人がたくさんいます。

でもあなた、今、何歳ですか？

いつまで、あの小さな女の子のままいるつもりですか？

不機嫌な人がいると、周囲はその人の顔色を伺い、心配したり、元気になれるように声をかけたりします。内心、すごく面倒だなと思いながらも、場の雰囲気を壊さないために、気を使ってそのように対処してくれます。

不機嫌をわざわざ顔に出すというのは、究極のかまってちゃん精神であり、一言で言えばとても幼稚な行為です。本当の大人は、喜怒哀楽をしっかりとコントロールし、相手に気を使わせるようなことはしません。

クヨクヨ、シクシク、メソメソ、プンプン……。

それ、いつまで続けますか？

10代の若く美しく幼い女の子ならまだしも、30代、40代になってもそんな態度を続けているど人はどんどん離れていきます。私も、仕事ならまだしも、いつも不機嫌な人と個人でお付き合いしたいとは思えません。

とはいえ、大きな声では言えませんが、私も悲劇のヒロインを気取っていた時期があります。でも「私4000万円の借金があるの〜誰か助けて〜」と嘆いてみせたところで、得られるのは同情だけです。なんのプラスにもならず、やめました。

振り返ったとき、私が感情のコントロールを学んだのは、やはり子育てを通してです。寝てほしいときに寝てくれない、思う様にならない、3時間ごとに怪獣のように泣きわめく。我慢・辛抱・無理・忍耐の日々でした。しかし、どれだけイライラしても、赤ちゃんにムキになって感情をぶつけたところで仕方がないのです。

また部下育成を通しても、たくさんのことを学びました。大人でも子どもでも、人は自分の思い通りになんて動いてくれないのです。そこで不機嫌になっても状況は改善しないどころか、悪化するだけだと思います。お母さんの機嫌がいいと、明るい家庭になります。リーダーの機嫌がいいと、チームの雰囲気がよくなります。

いつも上機嫌でいるために、私にはある習慣があります。

それは**大好きなお風呂に1日2回入ること**。朝は目を覚ますため、夜は1日の疲れを癒すために、日に二度湯船につかります。お風呂に入っていると、怒りの感情は沈み、イライラしていた気持ちもいつのまにか落ち着きます。もともとお風呂が好きだからという理由ではじめた習慣ですが、自分の機嫌をとることにつながっていたと、後で気づきました。人は、お風呂に入っているときと、美味しいものを食べているときは、怒りを感じにくいそうです。

あなたも、自分が上機嫌でいられる方法を探してみましょう。

ルール29
成功は運の良さ、失敗は自分のせいだと捉える

物事がうまくいったとき、その成功は自分の力で引き起こしたのだとつい考えてしまうことがあります。反対に、うまくいかなかったときには「あの人が○○したから」「環境がダメだったから」と他人や周囲の環境のせいにしてしまうこともあります。

そんな気持ちは誰の心の中にもあるものですが、もっと強い運を引き寄せたいと願うのであれば**「成功は運の良さ、失敗は自分のせい」**と、いつも謙虚に捉えましょう。

まず、なにか物事がうまくいった場合のことを考えてみます。「自分の力でうまくやれた！」「私ってすごい！」そう思った瞬間に慢心や驕《おご》りが出てきます。そして、そこに油断や手抜きが生まれ、結果として、失敗を招くのです。

今の現実は過去の努力と運の結晶です。今の努力を怠れば、未来はどうなるでしょうか？　手を抜いたツケは必ず回ってきます。慢心や驕りは自分では気づきづらいか

らこそ、とても怖いものなのです。

私は父から「驕りたかぶったらあかん。今日お前があるのは、支えてくれた人のお陰や。感謝の心を忘れたらあかん」と言われ続けてきました。自分1人で大きくなったわけではありません。どんな成功も、必ず周囲で支えてくれた人の存在があります。自分自身は気づいていない、目に見えないところで必死に応援してくれている人もいます。

父の言葉を深く、深く、深く胸に刻んでいるはずなのに、それでも無意識に驕っていたことに気づかされることがいまだにあります。「絶対にこうに決まっている！」「こっちのほうが正しいに決まっている！」という善の押し付けも立派な驕りです。まだまだ私も反省することがたくさんあります。

以前、ある人にこんなことを教えていただきました。

「人に対する影響力は貯金できない。そのときその場で影響力も変わる。影響力のあ

る人間で居続ける努力を怠ってはならない。昨日まで言うことを聞いてくれていた人が、聞いてくれないことがある。だからこそ学ぶ。人間力を磨き続けなくてはならない」

成功にあぐらをかき、驕りたかぶった瞬間、人はあっという間に落ちていきます。**「周囲の人たちのおかげで、運が良かったからうまくいった」**そんな謙虚な心を忘れず、過去の成功体験に固執せずに、未来のために努力しましょう。

また、物事に失敗したときは、自分に原因があったのではないかと見つめ直すことで、次回へ向けた改善をすることができます。仮にどんな不測の事態が起こったとしても、どんな理不尽なことがあったとしても、「あのとき自分はこうすればよかったんじゃないか？」と反省すべき点がまったくないことはあり得ません。

自分が悪いと責める必要はありませんが、状況を冷静に踏まえたうえで、**「じゃあ自分はどうすべきか？」**を考えることが大切です。

ところで5年ほど前から、リーダーのあり方も変わってきたように思います。一昔前であれば、強烈なカリスマ性を持って「俺についてこい！！」と引っ張るタイプのリーダーが存在感を発揮していました。極端に言えば「成功は俺のおかげ、失敗は部下のせい」――そんなリーダーが多かったことも事実です。

しかし今の時代には、**「部下のおかげで自分があります」**と周囲に感謝して、チームと一緒に成長していこうとする上司の姿が合っているように感じるのです。私はこういう次世代のリーダーを**「おかげ様リーダー」**と呼んでいます。

うまくいっているときこそ、「おかげ様」の気持ちを忘れず、謙虚に感謝できる人になりましょう。

ルール30 何歳になっても学び続ける

「老害」という言葉を耳にするようになりました。古い価値観を押し付けるような言動を取ったり、頭が固く周囲に迷惑をかけたり、年配だからという理由で傍若無人に振舞ったりするシニア世代のことを言うようです。

場合によっては私から見ればまだまだ若い40代でも老害扱いされてしまうことがあるそうです。62歳の私にとって、決して耳障りの良い言葉ではありません。

40代でも老人のように頭が固い人もいれば、80代でも若々しい人もいます。その違いはどこにあるのか？　まず間違いなく、学びと好奇心でしょう。ヘンリー・フォード氏の名言にこんな言葉があります。

20歳だろうが80歳だろうが、学ぶことをやめてしまったものは老人である。

学び続ける者は、みな若い。

私はこの言葉に、とても共感します。若いころにものすごく優秀だった人、とても活躍していた人が年を重ねてから悪い意味で変わってしまうケースはたくさん見てきました。過去の栄光に酔いしれ、同じ話を何度も繰り返し、自分と違う意見は受け入れない。そんな人をあなたも見たことがあるのではないでしょうか。


感情のコントロールをつかさどるのは脳の前頭葉。

脳が未発達な子どもが感情的な行動をとってしまうのは、ある意味で当たり前のことです。そして大人も早い人で40歳を超えたころから脳が委縮し、そのままにしておくと感情のコントロールが鈍ってくるそうです。気づかないうちに昔より頑固になったり、イライラしやすくなったりしているかもしれません。

そうならないためには、どうすればいいのか？　それは**学ぶこと**です。**学びをやめた人はその瞬間から人は、脳が退化しはじめます。**常に刺激を与えていかないと脳はどんどん縮小していくとも言われています。反対に、学び続けている限り、何歳になっても成長することができます。

私は若い頃には、父世代の年上の方々にたくさん可愛がっていただきました。年を重ねてからは、自分の子ども世代の若い人たちと積極的に交流をしています。年齢の離れた友人から学ぶことは多いです。私とまったく違う価値観を持ち、私の知らないことをたくさん知っている彼らの話は、いつも刺激的です。

若い世代の方々とお付き合いをさせていただいているおかげで、私も年齢のわりに若く見られることも多いのです。あるときふと、私は若い世代の方々と過ごすのが本当に楽しいと感じているものの、彼らはどう思っているのだろうかと考えるようになりました。いくら私が「年齢の離れた友人が欲しい！」と思っていても、彼ら、彼女らが同じように楽しいと感じてくれていたり、私に興味を持ってくれていたりしなければ、それは単なる私の自己満足に過ぎません。

このように考えるようになったのには、あるきっかけがあります。私が社長を務める株式会社新規開拓では、毎月の月末に「未来会」と称して全社員が集合し、1か月の振り返りを行う会議を行っています。毎月、未来会の最後は私の話で締めているのですが、ある日「あれ？　私の話ちっとも面白くないな」と気づいたのです。

この日は、「ポイントの見極めが大事だ」というテーマで話をしていました。本物の卵は温めれば孵化《ふか》しますが、瀬戸物の卵はどれだけ頑張って温めても、孵化することはありません。本物を見極めて、ポイントをずらさずに突くからこそ結果につながるのだ、感度を高めていこうという話を、私の営業時代の事例を交えながら話をしていました。

社員たちは皆、こちらに視線を向けて真剣な表情で話を聞いています。しかし、私の話が彼らの心に響いているのかと言えば、微妙な反応でした。

彼らの様子を見ているうちに、自分が過去の自慢話をしているようだと思えてきたのです。さらに冷静に振り返ってみると、未来会での私の話が、日を増すごとにだんだん長くなっていたことにも気がつきました。

さながら、全校集会の校長先生の話のような感じでしょうか。気づいたときには少しショックを受けましたが、それ以上に「このタイミングに気づけて良かった」という安堵しました。なぜなら、自分で気がつかなければ、ずっと誰にも指摘されず、裸の王様になってしまっていたからです。

私は社長ですから、話が長くても、つまらなくても、誰も文句は言わないし、黙って聞いてくれます。「社長、話が長いですよ」なんて言ってもらえるはずもありません。あの日「もしかして、私の話は面白くないんじゃないか」と気づかなければ、一生改めるチャンスはなかったかもしれません。

自分で自分を客観視するこの感覚は、年齢を重ねたり、肩書きや立場が上がったりすればするほど重要になっていきます。年齢や立場が上がるにつれて、わざわざ注意指摘してくれる人はいなくなるからです。

私は「自分をもっと高めたい」と思っているので、自分自身に対するアンテナを高く伸ばし、相手の反応をよく見て、自分を顧みるマインドを常に意識しています。

あなたも、ご自身が周囲からどのように見られているか、客観的に省みることができていますか？　ときには、辛い現実を目の当たりにしなければいけないこともありますが、大切なのは自分自身で気づくことです。

【第3章のアクションプラン】

- □ 悩んでいる問題に対して解決策を3つ考え、それぞれのメリットとデメリットを挙げる
- □ 鏡の中の自分に向かって「あなたなら絶対できる」と言う
- □ 昨日の自分より成長したポイントを3つ書き出す
- □ 学んだことを、人に伝える
- □ 理想の自分はどんなキャラクターかを考える
- □ 苦手意識を持っていることに対して、なぜ苦手なのかという理由を書き出す
- □ ミスを記録し、二度同じミスはしない
- □ 周囲に愛される人はどんな人なのかを考えてみる
- □ 自分が上機嫌でいられるシチュエーションを10個考える
- □ うまくいったときこそ、「あなたのおかげで」と周囲に感謝を伝える
- □ 周囲からみた自分の印象を、客観的にイメージする

第4章

正々堂々が最強の戦略

嘘やごまかしが次々と明かされていくこの時代は、
面白い時代だとも感じています。
なぜなら、こういう時代には
「本物」しか残れないからです。
本物の発言、本物の行動、
本物の考え方が求められています。
つまり嘘や偽りを捨てて
常に胸を張って行動しなければ
生き残れない世の中なのです。

「朝倉さん、神様に好かれる人ってどんな人かわかる？」

ある人から突然こんなことを聞かれました。「神様に好かれる人ですか？　きっと誠実で嘘をつかず、誰が見ていなくても一生懸命生きている人ではないでしょうか」

と私は答えました。

するとその人は、次のように仰いました。

「神様に好かれる人はね、素直・前向き・謙虚。他力本願（※）ではなく、自分で一生懸命に頑張る人。そして、後ろめたい部分がない人。誠実に生きてきた人」

※ここでの他力本願は、「人まかせ」の意味

その話を聞いてから、私もそうありたい！　そうなろう！　**絶対に神様に好かれる人になる！**　と決めて意識して生きてきました。

今は隠しごとができないフェアな時代です。その理由のひとつは、やはりインターネット、ＳＮＳ、スマートフォンの普及です。ネット上に公開された自分の情報は半永久的に消すことはできません。

その場しのぎの行動、安易な誹謗中傷、苦し紛れの嘘、身の程知らずの見栄……。好むと好まざるに関わらず、すべてが残ってしまいます。

昔から「壁に耳あり、障子に目あり」ということわざもありましたが、今はますますどこでだれか見ていて、聞いていて、それがいつどのように拡散されるかわからない時代です。誰もが当たり前のようにスマホを持っていて、写真も音声も動画もすぐに撮れます。

週刊誌の下品なスクープにも、音声データや録画データの証拠までつくようになり、言い逃れも許されなくなりました。スキャンダルが発覚した人や会社が、その内容を真っ向から否定した後に、追加の証拠が出てきてしまい、どうしようもなく炎上している光景も日常茶飯事ですね。

海外では**「キャンセルカルチャー」**が広がり、芸能人や政治家などの著名人の過去の犯罪や不祥事、不適切な言動を掘り起こし、炎上させ、社会的な地位を失わせるようなムーブメントも頻発《ひんぱつ》しています。

こんな時代は生きづらいという人もいます。確かに、1人の人（あるいは団体）を、皆で一斉に攻撃するような風潮は決して良いものではありません。ときには、人の命が関わる問題にまで発展しています。

しかし私は同時に、嘘やごまかしが次々と明かされていくこの時代は、面白い時代だとも感じています。なぜなら、こういう時代には**「本物」しか残れない**からです。本物の発言、本物の行動、本物の考え方が求められています。つまり**嘘や偽りを捨てて常に胸を張って行動しなければ生き残れない世の中**なのです。

私は嘘をつかないこと、誠実に生きていくことをモットーにして、これまで生きてきました。誠実の「誠」とは「言ったことを成す」と書きますので、有言実行を心掛けてきました。

営業時代にはお客様に**「3年でトップセールスを獲ります」**と宣言をし、聞かれてもいないのにこまめに進捗のご報告をしていました。

「今の部門で5位まで来ました」
「新規開拓では全社で3位になりました」
「1年目から新規開拓で一時の表彰を受けました」
「とうとうトップセールスになりました！」

はじめは私の一方的な決意表明だったものが、こまめに連絡し、プロセス報告を怠らなかったことで、いつしかお客様も応援してくださるようになりました。

トップセールスになったときには、「君は言ったことを必ず実践するね」とお褒めの言葉もいただきました。どんな人間関係でもはじめは赤の他人です。そこからコミュニケーションを積み重ね、言葉に出したことを確実に実行していくことで**「この人は信頼できる」「この人になら仕事を任せていい」という信頼**を得ることにつながります。

そんな私も、昔は恥ずかしいこともたくさんしました。誠実とは言えない振る舞いをしてしまったこともあります。不誠実に生きると大切なものを失うことを、私は身をもって経験しました。後悔していることもたくさんあります。

信用・信頼を築くのは簡単ではありません。長い長い年月をかけてコツコツと積み上げていくしかありません。一方でそれを壊すのはとても簡単です。1回でも不信感を与えるようなことを行ってしまうと、これまで積み重ねたものが一気に壊れます。

一度落としてしまった信用や信頼を取り戻すのはゼロから積み上げるよりもさらに難しいことです。1回でも不誠実なことをすると、「過去にも同じようなことをやっていたんじゃないか」と疑いの目を向けられることになるからです。

以前、私の親友が**「いい男の条件」**だと教えてくれた五か条があります。私はこれを**「信頼される人間の条件」**だと受け止めて、いつも大切にしています。

■信頼される人間の条件

・嘘をつかない
・言い訳をしない
・話していることに一貫性がある
・バーター取引をしない
・いざといったとき、絶対に逃げない

「1回くらい」や「見られていないから」といった小さな油断ですべてを失います。どんなときでも、正々堂々と誠実に生き、信頼される人間になることこそが、自分の身を守る最強の戦略です。

隠しごとができないフェアな時代は、言いかえれば正直者がバカをみない時代です。時代の変化の理由のひとつとして、先ほどインターネットの普及を挙げましたが、実際にはそれだけでなく、私たちの価値観そのものも大きく変化してきているように思います。

お金や財産、肩書きなどが重視されてきた「土の時代」から、個人の自由や権利、平等性が強く認められる「風の時代」に突入したのが2020年。世の中の変化を肌で実感した人も多いのではないでしょうか。

昔であればお金を持っている人、権力を持っている人が強く、生きやすい時代でした。その力の恩恵にあずかろうとする人もたくさんいました。権力を持っている人は悪いことをしても咎《とが》められない、もみ消してもらえる。そんなことがまかり通っていた時代があるのは事実です。

しかし今はどうでしょうか。すべてがつまびらかにされ、その人が持つ地位や名誉あるいはお金に関わらず、「良き人であれ」というプレッシャーがますます強くなっているように思います。

正々堂々とした生き方をしていくうえで、決別しなければいけない感性がありま す。それが**「ずるい」「こすい」「せこい」**です。

ずるいこと、こすいこと、せこいこと。適当にごまかして、楽をして良い思いだけをしようとしても、そうは問屋がおろしません。周囲はすべてお見通しです。

先日、ある男性経営者の方から「朝倉先生みたいな女性の経営者は珍しい」と言われました。どういう意味かと尋ねたら、その社長の知名度や影響力を利用して、自分も有名になりたい、仕事が欲しい、といった下心を持って近づいてくる女性経営者が多いというのです。

今は女性が起業することも珍しくなくなりましたが、女性でも男性でも起業して会社を順調に軌道に乗せるのは簡単なことはありません。「なんとかこの人に取り入って、自分を引き上げてもらおう」そんなずるい考えで近づいても、当の本人にはすっかり見抜かれているということですね。

自分さえよければいい、俺さえよければいい、私さえよければいい——。そんな考え方や感性は必ず周囲の人に伝わります。せこいリーダー、ずるいリーダーに人はついていきません。こすい部下を、上司は引き上げようとはしません。ずるい人は、次第に周囲から距離を置かれるようになります。

その人のずるさやせこさは、ちょっとした言葉遣いにも表れることがあります。

- **失態の報告をしているときに「〇〇さんが〜だったから〜」など他の人に責任を転嫁するような発言をする**
- **自分が失念していたこと、自分が伝えるのを間違っていたことなど自分の関与をあえて報告しない**

「自分に原因があることを認めたくない、隠したい」という気持ちが言葉に現れています。こうした態度に気づいたときは、私は厳しく指摘します。

なぜなら、そのまま放置すればそれは隠蔽《いんぺい》体質につながるからです。

例えば、講演会などでアシスタント社員がその場に相応しくない言動をしていれば、お客様の前であってもその場で注意・指摘をします。「他社の人がいる前で、部下を叱るのはどうなのか?」という意見をいただくことがありますが、かっこつけたり、隠したりするよりも、その場で注意することで、二度と同じミスを起こさないことのほうが重要だと考えます。


社内で起きたトラブルも、あえて対外的に発信することもあります。

平日に毎日配信している音声メディアのＶｏｉｃｙでも、日々の出来事を隠さずお話ししています。すべてをオープンにしても恥ずかしくないという心構えで会社経営をしています。特に弊社は教育会社ですので、自社の事例が少しでもリスナーの皆さまの参考や学びになるのであれば、ぜひ知っていただきたいと考え、あえて発信しています。

そうは言っても、誰の心にも、ずるさやせこさは眠っています。つい楽な道を選んでしまいたくなることもあります。

私も横着をして、痛い思いをした経験が最近もあります。

その日は、パーソナルトレーニングを受ける日でした。家を出る時間が予定より遅れてしまい、開始時間に間に合うかどうかギリギリで、ものすごく焦っていました。なんとしても約束の時間までに着かなくてはいけない、と裏口からマンションを出て、いつもとは違う道を通りました。そちらの道のほうが近道ではあるのですが、細くて歩きにくい道なのです。

「急がないと！」と、ハイヒールを履いて速足で歩きました。いよいよ建物が見えてきたというところで、

ゴツン！！

思いっきり転び、膝とこめかみを強打しました。

目の前にはパチパチと星が飛び、痛すぎて身体を起こすこともできません。たまたま車でそばを通っていた方が、急いで車を停めて駆け寄ってくださいました。その方は私を抱え上げ、安全な所まで避難させてくださいました。バッグから飛び散った小

物を拾い、ハイヒールを揃えながら一言。「慌てるから……」。まるで父親が娘を諭すかのようにそう言われました。

そう、私は慌てていたのです。だから転んだのです。日ごろから「この道は歩きづらい」と思っていたにも関わらず、早く行かなくては……という思いでショートカットをしたせいで、思いもよらない代償を払うことになりました。

横着すると、ろくなことにならない。この出来事を通して私は、故・藤木相元先生に教えていただいた**「大道を闊歩せよ！」**という言葉を思い出しました。

「ショートカットをするな」

「横着するな」

藤木先生のお顔と一緒に、亡き父の顔も頭に浮かびました。

「調子に乗ったらあかん！　遠回りが近道や！　サボろうとしたらあかん！　最短で結果を出そうとすな！！」

そんなことを教えられているような気がしました。とても痛かったですが、とても大切な気づきを得られた経験です。

ルール33
あえて言葉に出してプレッシャーをかける

あなたには夢がありますか？　目標がありますか？

どんなことでもかまいません。

ダイエットして10kg痩せたい、管理職になりたい、彼氏がほしい、年収1千万円以上稼ぎたい、海外旅行に行きたい、起業したい、オリンピックに出たい……。

その夢や目標を、ぜひ口に出して公言してください。言葉に出せば、そこにプレッシャーが生まれます。言わなければプレッシャーは感じずにすみます。

だからほとんどの人は、夢や目標を言葉に出そうとしません。なぜなら、口に出しても叶えられなかったら恥ずかしいからです。しかし、だからこそあえて目標や夢を口に出すのです。口に出し、やらざるを得ない状況を自らつくり出すのです。

夢を公言すると、周囲からは応援してもらえることもあれば、否定されることもあります。

「お前には無理だ」

「何を夢見ているんだ」

「そんなことできっこない」

何かを始めようとすると、必ずそうやって否定する人がいます。しかしそのような意見は無視をしてまったく問題ありません。そうやって人の夢を否定する人は、まず自分で経験したことがない人ばかりだからです。

なぜか皆、同じ経験をしたことがない人に相談したり、意見を求めたりしてしまいがちです。これは、食べたことがない人に味を聞いているようなものです。

実際に経験もしていない、当事者でもない人の無責任な意見に左右される必要はありません。もちろん「あの人が反対したから…」は、やらない言い訳にはなりません。

ただ宣言して、ただやるだけです。

夢を宣言するときに、曖昧な表現は使わないようにしましょう。

「～したいと思います」ではなく「～します」「～になります」と断定します。曖昧な表現は、逃げの意思の表れです。

・とりあえず
・いちおう
・できれば
・なるべく
・だいたい

こうした言葉は、自分に保険をかける言葉であり、責任や覚悟が欠けている証拠です。心の中で不安を抱いていてもかまいません。まずは言葉を変えて、堂々と宣言しましょう。

有限実行には勇気がいります。

私もこれまでに何度も自分の目標を口に出し、宣言してきました。そのたびに膝がガクガクと震えるほど緊張しました。ときにはプレッシャーで押しつぶされそうになることもあります。

宣言した通りに物事が進まず、「ほら、やっぱり上手くいっていない」と笑われたり、バカにされたりしたこともあります。しかし、私は諦めません。夢が私たちから逃げていくのではなく、私たちが夢を諦めてしまうから、夢が叶わないままになってしまいます。怖くても、不安でも、私には生きているうちに叶えたい夢があるのです。

・自分をごまかさない
・人のせいにしない
・泣き言を言わない
・プレッシャーから逃げない

自身の思いを言葉にし、意図的に自分を追い込み、目標を決めて行動し、どうなったのか結果を検証します。計画通りにいかなかったのであれば、またそこからやり直せばいいだけです。

私も含めて、人はどうしても楽に逃げます。だからこそ、逃げられない状況を自分でつくってあげるのです。

ルール34
自分との小さな約束を守り続ける

セルフイメージが低い、自己肯定感が低い人に共通しているのが**自分との約束を守らない**ことだそうです。他人と交わした約束は、守ることができる人のほうが多いですね。なぜなら、守らないと気まずく、信頼関係も傷ついてしまうからです。

しかし、誰にも言っていない自分との約束は、つい蔑《ないがし》ろにしてしまっていませんか？

やろうと思っていたことをやらない、やめようとしていたことをやめない、30分だけと思いながらズルズルと続けてしまう。そんな経験は一度や二度ではないはずです。

「あぁ、またできなかった」

いや、できなかったのではなく、**やらなかっただけ**ですね。

周囲のせいにしたり、忙しいと言い訳をしたりしながら自分との約束を破り続けていると、次第に自分で自分のことが信じられなくなります。周囲の人にはわからなくても、自分のことは自分でちゃんとわかっているはずです。

自分で自分を褒めてあげられる人、認められる人は、誰が見ていようがいまいが、自分に嘘をつかない生き方や行動を選択した人です。人から褒められたい、評価されたい、注目されたいという気持ちは誰にでもあります。

しかし、人の評価以上に、まずは自分との約束をしっかり守れるかどうか。ここが重要です。

私は自分にプレッシャーを与えるために言葉に出して人に伝えたり、紙に書き出したりして、自分との約束を守れるように努力しています。このとき、いきなり大きな約束をする必要はありません。まずはほんの小さな約束を自分としてみてください。

例えば、いきなり「ダイエットのために毎日1時間ランニングしよう！」と大きな目標を立てると、きっとすぐに挫折してしまいます。それはあなたがダメなのではなく、最初の一歩が大きすぎるのです。

まずは「1日5分だけでも、外に出て歩く時間をつくろう」「晴れている日はスーパーまで、車ではなく自転車で行こう」など、少しの気持ちの持ち様で、できるところからはじめましょう。

「いつか本を書くために、毎日ブログを投稿しよう」と決めても、やはりすぐに続けらなくなってしまう人が大半です。「1日10文字だけ書こう」であれば、できそうな気がしませんか？　最初はそんな小さな約束事だけでも十分です。

決めたことをできたら、自分をしっかり褒めてあげてください。自分で自分を称賛するときにぜひ試してみてほしいことがあります。それが**「小さな成長・成功の発見」**です。

・これまで気づかなかったことに気づけた

・初めてのことにチャレンジした

・本で読んだことを実践してみた

誰もが驚くような大きな成功ではなく、昨日の自分よりちょっと成長できたと思う点を発見するのです。

行動をすれば、必ず変化が起こります。わざわざ口に出すほどのことではないと思ってしまうような小さな変化や成長を見つけ、ちゃんと自分を褒めてあげてください。

自分の進化成長を実感することが、次の行動への何よりのモチベーションになります。最終的な目標の到達地点まではまだ遠い道のりだったとしても、一歩でも半歩でも前に進むことができたということは、とても素晴らしい成果です。

ルール35
見えないところをキレイにする

私は「見えないところをキレイにする」という考え方を、生きる上でとても大切にしています。

「見えないところをキレイにしなさい」

自社の社員や、研修の受講生たち、**「トップセールスレディ育成塾（ＴＳＬ）」**の塾生にも何度も何度も言っていることです。見えないところとは文字通り、見えないところすべてを指します。

家の中、鞄の中、財布の中、そして心の中もそのひとつです。どれだけ外側を整えたところで、中身が汚いままでは、すぐにそのメッキは剥《は》がれてしまいます。

□ブランド物のバッグを身につけているものの、その中身は書類が散乱している。

□最新型のパソコンを使いこなしているようで、フォルダが整理されていなくてデータがバラバラ。

□おしゃれなマンションに住んでいるのに、部屋の中は足の踏み場もないほど散らかっている。

□スーツをビシッと着こなしているように見えて、その下にはゴムが伸びてヨレヨレになった下着を身につけている。

□きれいにメイクをしているけれど、化粧ポーチの中はとても汚れている。

□「人のためになることをしなさい!」と語っているのに、裏では自己中心的な振る舞いをする。

こんな表と裏のギャップは、いつしか必ず表面化してきます。どんなに人前でいいことを言っていても、違う場所で反対のことをやっていれば説得力も消えてしまいます。見た目の美しさだけではなく、心の美しさや心の身だしなみを整えること。これはとっても重要です。

人前だけでかっこよく演じていても、見る人が見れば、底の浅さはすぐに見抜かれてしまうものです。そして、他の人から見えないところであっても、自分自身にはちゃんと見えています。だからこそ、見えないところをキレイにすることで、セルフイメージは劇的に上がります。

あのザ・リッツ・カールトン・ホテルの元日本支社長でいらっしゃる高野登さんに教えていただいたことがあります。高野さんは、**「飛行機に乗ったあと、自分が使ったシートベルトを整えて出る人はほとんどいない」**というお話を教えてくださいました。これはエコノミークラスでも、ビジネスクラスでも、ファーストクラスでも同様だそうです。

この話を聞いて以来、私は飛行機に乗った後には必ず、シートベルトを整えてから席を立つようになりました。誰もそんなところは、気にも留めていません。もしかすると客室乗務員の方も気づいていないかもしれません。しかし、だからこそやる価値があるのです。

また、女性用下着の販売員の方からは、こんな話を聞いたこともあります。一般的に「勝負下着」と言うと、男性に見せるために購入される方が多いのだそうです。しかし、自分の下着を一番目にするのは自分自身。誰の目にも触れなくても、可愛い下着やお気に入りの下着を身につけているというその事実が、他でもない自分の気持ちを奮い立たせ、自信につながると言うのです。

つまり、勝負下着を身につけるべきはデートの日だけではなく毎日！　これも、素敵な考え方だと思います。

多くの人は、「誰も見ていないから」「こんなところは見えないから」と手を抜こうとします。しかし、誰も見ていないからこそ、こんなところまで見えないからこそ、手を抜かず整えることで、それが大きな自信につながります。いつ見られても恥ずかしくないと思えば、自然と背筋が伸びていきます。

誰にも見られることがなかったとしても、そんなところにまで丁寧に手をかけることができているという自己認識が、あなたの心を強くします。

20年近く会社を経営していく中で、これまでに何度も大きな決断を繰り返してきました。その中でも特にヒリヒリした大きな決断がいくつかあります。

ひとつは、まだ会社を起こす前にオフィスの入居を決めたときです。女性限定の営業塾**「トップセールスレディ育成塾（TSL）」**を開講しようと決意した私が決めた場所は、帝国ホテルタワーでした。家賃はたった3坪で70万円。当時の私の前月の売上は15万円でした。まったく足りていません。その状況で入居を決意しました。

この決断に、周囲からは「頭がおかしい」と言われました。しかしどうしてもこの場所で、女性限定の塾をやりたいと思い、決死の覚悟で契約書にサインをしました。

一般的に家賃は給料の3分の1以下に抑えなさいと言われています。私は逆の発想で、70万円の家賃を払うためには、毎月210万円以上を稼げばいいのだ……と考えました。

帝国ホテルタワーのオフィスを運営していたのは、リージャスという外資系企業でした。外資系企業でなければ、私はそもそもオフィスに入居することはできていなかったでしょう。

まだ何の実績もないどころか、法人ですらありません。信用を第一とする日本企業が運営するレンタルオフィスであれば、間違いなく審査に落ちていたはずです。

その点、外資系企業であれば、高い敷金と、家賃が払えなくなれば即退居というリスクを飲めば、私でも貸してもらうことができました。

その後、社員が増えるにつれ3人部屋 5人部屋、7人部屋、9人部屋、12人部屋へと、ヤドカリのように少しずつ部屋を大きくしていきました。

2010年には、本社を東京の丸の内ビルディングに移しました。東京駅直結、天下の丸ビルと言われるあのビルです。当時は創業6年目。無名の中小企業にはまったくの不釣り合いと言ってもいい最高のオフィスでした。

この時も周囲からは驚かれました。家賃は書籍に書くのもはばかられるほど高額です。しかしまだ信用力が低い、知名度がない会社だからこそ、誰もが知る好立地のオフィスは、立派な信用の証明になると考えたのです。

また素敵な場所にあるオフィスは、社員が胸を張って誇らしい気持ちで出社できるという思いもありました。

とても思い入れのある丸ビルですが、そのオフィスも2020年に退居することになりました。きっかけは、新型コロナウイルスによるパンデミック。それにより世界の価値観が一変したことです。

実は丸ビルにオフィスを構えながらも、退居する2～3年ほど前から、これからは駅前の一等地のオフィスは不要になるだろうと感じていました。インターネットの技術はますます発展し、わざわざオフィスに出社しなくても仕事をすることはできる時代です。バーチャルオフィスなども台頭し、これからは会社の所在地で信用力を判断されることがなくなっていきます。

そんな中、毎月何百万円ものオフィス賃料を払い続ける価値はきっとなくなっていくだろうと思っていました。

そしていよいよそのときがきたのです。2020年4月7日、緊急事態宣言の発動。その1か月前から株式会社新規開拓ではリモートワークに切り替えていました。そして同年5月、丸ビルを撤退することを決めました。

オフィスの移転と同時期に、もうひとつ決断したことがあります。それが研修のオンライン化です。もともと、弊社の研修の強みはリアルだからこそ感じられる、講師の熱量と、きめ細かい指導力でした。直接対面して、見逃しのないよう徹底的に指導をするからこそ、たった数時間でも変化が目に見えてわかる、というのが謳《うた》い文句でした。

ところがリアルでの研修ができなくなり、４月に予定されていた新入社員研修のほとんどが中止・延期になりました。そこで私は急いで、オンラインで研修ができる体制を整えました。オンラインでもリアルのときと同じように伝えるためにはどうすればいいかを急ピッチで研究しました。

同じように、対面形式で、丸ビルで開催していた**「トップセールスレディ育成塾（TSL）」**も全面オンラインに切り替えました。４月には新入社員向けの研修動画を発表し、６月にはオンライン版ＴＳＬをスタートさせました。このときには、パンデミックの中、リアルからオンラインへいち早く切り替えた企業事例としてテレビの取材も何度か受けました。

なぜ私が時代の変化に対して素早く決断し、行動に移すことができたのか。

いつかそんな時代が来るだろうという予想はしていましたが　実際に何か準備をしていたわけではありません。その瞬間に「これしかない！」と察知し、悩むよりも先に行動しました。つまり、直感に従ったのです。

時代の変化を敏感に察知して、それに適した行動を取るために必要なのは、**直感力、**

そして自分自身のブレない軸だと思います。直感というと当てずっぽうのような印象を抱くかもしれませんが、私たちの直感は潜在意識でできています。

過去に学んできたもの、自分で考え決めた体験や経験が積み重なり、毎日の中で無意識に蓄積され、ここぞというときに直感として、表れてくれるのです。

またここ最近は、私を見守ってくださる方々が直感を通してアドバイスをしてくださっているのではないかと感じることもあります「こっちに行きなさい」と言われている……。そんなことを感じるようになりました。

しかし、直感だけ冴《さ》えていても、自分の軸がブレていてはいつまでもフラフラと安定しません。特に今は時代の変化が急激でトレンドが生まれては消え、生まれては消えていきます。流行を感じる感性はもちろん大事ですが、完全にそこに染まりきらない、しっかりとした軸を、自分の中に1本持っておかなくてはいけません。

私のところにも、これからは○○が良いらしい、○○がビジネスチャンスだ、そんな情報がたくさん流れてきます。ときにはそちらに心が揺らいでしまうこともありますが、ブレない軸があればまた戻ってくることができます。

軸もなく、流行りだからと手を出したら、あっという間にブームが去り、借金だけが残ったという人もこれまでに何人も見てきました。

とはいえ、一度失敗したらそれで終わりかと言えばそうではありません。直感や斬新な発想、アイデア、行動力を持って状況を打破し、時代の波に乗るどころか新たな時代を作り上げてしまう人もいます

以前に読んだ雑誌に、こんな事例が紹介されていました。

世の中は一大ボウリングブーム。すると、これからはボウリングの時代が来ると言って、郊外にボウリング場を建てる人が続出したそうです。ある経営者はお金をかけてびっくりするほど素晴らしいボウリング場を建てました。

ところが出来上がったとたん、ボウリングブームのピークが去ってしまい、お客様が来ないのです。

その様子を見て周囲は「あいつはバカだ、時代の先読みもできずに、経営者として終わっている」など散々バカにしていたそうです。

しかし、この経営者の方は発想の転換で、このボウリング場をあるものに変えました。それはなんと、パチンコ店です。実はこのパチンコ店は、郊外にあるパチンコ店の第一号だそうです。

今でこそ郊外にパチンコ店はたくさんありますが、それまではパチンコといえば駅前にあるのが一般的でした。車で行けて、店内は広々、食事をとれるスペースまでついていると人気になり、この店舗をきっかけに、郊外にたくさんのパチンコ店ができるようになりました。ブームの波に乗り遅れたはずの人が、新たなブームの火付け役となったのです。

このエピソードは「頭で儲ける時代」という雑誌の中で、これからは足で稼ぐ時代から頭で儲ける時代になるという事例のひとつとして紹介されていました。もう何十年も前に読んだ本ですが、今も鮮明に記憶に残っています。

そして私はこれからの時代は、**頭で儲ける時代から心で儲ける時代になる**と考えています。世の中はどんどん便利になり、物は溢れ、どこにいっても冷暖房完備。モノがあること、食べられること、快適に過ごせることに感謝をする気持ちはどんどん希薄になっています。

一方で欠如しているのが、心の充足感だと思えるのです。

いつも何かが足りない気がして、満足できないままでいる人が大勢います。だからこそ、心を豊かにするものが求められる時代に変わっていくことでしょう。

ルール38
人生の大先輩からかっこいい生き様を学ぶ

私には歳の離れた飲み友達がいます。出会いは営業先でした。営業とお客様として知り合い、それから仕事を超えたお付き合いをするようになり、気づけば大の仲良しになりました。美味しい飲食店、銀座の高級クラブ、旅行……いろいろなところに連れて行っていただき、たくさんの経験をさせていただきました。

社長2人と、私と、私より9つ年下の女性。いつも4人で飲みに行き、飲みの場ではお互いあだ名で呼び合うほどの仲です。わたしは「ちー坊」と呼ばれています。

その中の2人、TさんとHさんは、すでに引退していますが、2人とも上場企業の元社長です。いまでもよく集まって食事会をしています。

私は、このおふたりから**「かっこいい生き様とはこういうことをいうのだ」**と学びました。

上場企業の社長というと、あなたはどんなイメージを抱きますか？　怖そう、近寄りにくそう、周囲を蹴《け》落《お》としてトップにのし上がってきたような人、あるいはお金にがめついような人……もしかするとそんなイメージを抱いている方もいらっしゃるかもしれません。

私も、営業の仕事をはじめるまでは、そのようなイメージを勝手に持っていました。しかし、多くの社長たちと出会う機会をいただく中で、そのイメージはまったく違っていたとわかりました。

実は上場企業の社長、大企業の社長ほど穏やかで人当たりがよく、わかりやすく言えば「いい人」が多いのです。権力だけで人を束ねるには限界があります。大きな会社で、何千人、何万人という人のトップに立つという役割は、人間力があり、周囲から信頼される人材でなければ務まらないのです。

TさんとHさんも、とても素敵な男性であり、素晴らしい経営者でした。彼らの姿から、私はたくさんのことを学びました。そして、素敵な人とは、こういう人のことを言うのだという特徴を見つけました。

①人を大事にする

社員、部下、後輩はもちろん、私のような社外の人や飲食店の店員さんなど、とにかく人を大事にします。また性別や年齢で区別なく、その人自身を見ようとする姿勢も印象的でした。私も女性ではありますが、「女だから」という見方をされたことは一度もありません。

②心に品位・品格がある

これはきっと学びの蓄積から染み出てくるものだと思います。Tさんは究極の読書家で、ジャンルを問わず本をたくさん読んでいました。

③色気がある

2人とも、スーツをビシッと着こなして本当にかっこいいのです。それでいて、変ないやらしさはまったくありません。見た目も、立ち居振る舞いも凛《りん》としていて、つい目で追ってしまいたくなるような魅力があります。

④お金の使い方がきれい

2人とも社長ですので、会社の経費を使う場面もあったかもしれませんが、「会社のお金だから」と無駄遣いするような場面を一度も見たことがありません。一度だけお財布を見せていただいたことがあるのですが、キレイな1万円札がビシッとそれも大量に入れられており、なんてすごい財布なのだと驚きました。

⑤乱れ酔いをしない

お酒を飲むと大脳が止まり、その人の本性が見えてきます。私も幼いころから両親が水商売をしていたので、お酒で変わる人はたくさんみてきました。急にいやらしくなる人、乱暴になる人……。しかしTさんもHさんも、乱れ酔いをしている姿は一度も見たことがありません。

お店の女性たちの様子を見れば、彼らがどんな人なのかがすぐにわかります。セクハラをする人、うるさい人、乱暴な人、そんな方が来たときは、たとえお客様であっても「また来たよ……」と思いたくなってしまうものです。

もちろん、彼女たちはプロですので、嫌な気持ちを表情には出しませんが、微妙な空気の変化を、同じ女性として察するものがありました。しかし、TさんやHさんのことは、心から歓迎していることがよく伝わってきました。

あるとき、お店のママさんがふと言いました。「あなたたちは良いわね」、と。当時私は36歳、もう1人の女性が27歳。心の中で、きっと男性陣に対して、「こんな若い人たちと毎晩飲み歩いていていいわね」と言ったのだと思いました。しかし、ママはこう続けました。

「あなたたちは良いわね。こんな素敵な人たちと一緒に飲ませてもらって」

そう、ママの言葉は、私たち女性2人に向けて言われた言葉だったのです。

自惚《うぬぼ》れを心の中で恥じると同時に、「その通りだ！」と自分の幸運を改めて感じました。人生の大先輩の姿をこの目で見させていただいてきたからこそ、そのかっこいい生き様を私も目指してきました。

ルール39
誰に対しても同じ態度で接する

自分以外の誰かを見ていて、**「なぜあの人はあんなに人から好かれるのだろう」**と思ったことはありませんか？　世の中には10人いたら、10人に好かれる人がいます。飲食店で同じだけの金額を使っていたとしても、「また来てほしい！」とお店側から大歓迎される人もいれば、もう二度と来てほしくないと思われる人もいます。

誰からも好かれる人の共通点は、人を見て態度を変えず、誰に対しても礼儀正しく振舞っていることです。逆に二面性がある人は人に嫌われやすい傾向があります。

□上司に対しては腰も低く媚びへつらうのに、部下のことは雑に扱い、ときに暴言を吐く。

□お客様の前ではニコニコ、ペコペコしているのにタクシーに乗り込んだ瞬間人が変わり、横柄な態度で、運転手さんに顎で指示を出す。

□接客中は満面の笑顔なのに、お客様が帰った途端、感情のない素の笑顔に戻りため息をつく。

このように、状況や接する相手によって態度を変える様子は、実は周りの人はちゃんと見ています。

その人の人間性が最もよくわかるのが、立場の違う人との接し方を見た時です。偉い人、自分にメリットをもたらしてくれそうな人、好きな人には感じよく接するのに、そうでない人には粗雑な対応をする。

人間力に欠ける振る舞いであるのはもちろんのこと、実は人によって態度を変える人は、気づかないうちにたくさんの損をしています。

例えば、飲食店で店員さんと良い人間関係が築けると、「サービスです」と言っておまけをしていただけたり、宴会のときに融通をきかせていただけたりすることも良くあります。店員さんに嫌われている人には、そんな機会は巡ってきません。

「なんであの客ばかり良い思いをしているんだ！」

それは、そのお客様が好かれているからです。

飲食店以外でも同様です。部下に嫌われる上司は、率直に言えば、出世することができません。会社の中で、上司が自分を引き上げてくれるのはある程度の役職までです。その先は部下に押し上げられる形でより高い地位・任務を担っていくことになります。部下からの信頼がない上司は、その先に進むことはできないのです。

人は誰しも、自分の好きな人の役に立ちたいと思うもの。そんな当たり前の感情を考えれば、よくわかるはずです。

私は、人に対して横柄な振る舞いをするということはなかったと思いますが、昔は八方美人な性格だったので、こちらではAさんに話を合わせ、こちらではBさんに話を合わせ、あとでつじつまが合わなくなり困ってしまったことは何度もありました。

二面性や裏表。隠しているつもりでも、すぐに見破られてしまいます。自分を守るためにも、一貫性のある生き方を選択してください。

ルール40 もっと親孝行をする

立場の違う人に対する振る舞いからその人の人間性が見えるという話をしました。その最たるものが**親に対する接し方**です。親に対してどのように接しているかを見れば、その人のすべてがわかると言っても過言ではありません。

周囲の人にはいつもニコニコと「はい！わかりました」と感じ良く振舞っていても、両親に対しては「ちょっと黙っててよ！」「余計なこと言わないでよ！」と、強い言葉をかける人は少なくありません。

その人の本質は、キツイ顔をして「余計なこと言わないでよ」と言っているほうの姿です。

親とは、その人のすべてを受け入れ、すべてを許し、すべての愛を注いでくれている存在です。わかりやすく言えば、自分を最も甘やかしてくれる人たちです。ないがしろにしても、きつい言葉をかけても、笑って許してくれるかもしれません。その優しさに甘えれば甘えるほど、私たちの心はどんどん横柄になっていきます。親に対して冷たい人は、結局その他の人に対してもどこか冷たい接し方をしてしまっています。

人生の大先輩からはこんな大切な言葉も授かりました。

「親も大事にできない人がどうやって他人を大事にできるのか。親孝行にし過ぎはない。それは利他の心の最初の一歩。利己を剥《は》がすと、利他になる。優しい愛の心が出てくる。親孝行しなさい。親も大事にできないで誰を大事にする？」

親孝行とは、一般的に、親のためにするものだと考えられています。

もちろんこれまでの感謝の気持ちをカタチに表すという意味は大いにあります。しかし親が皆「ここまで育ててやったんだから、親孝行すべきだ」と願っているわけではありません。

むしろ、私たちのことはいいから、元気で幸せに暮らしてほしいと、ただ願っているだけの人のほうが大半かもしれません。だからこそ、甘えてしまうのです。

親の愛に甘えたままでは、人を大切にする気持ちは育まれません。私は、親孝行をすることで、なによりも自分自身の心が磨かれていくのだと考えています。

親孝行をしなさいと強く語るには理由があります。それは、私が後悔しているからです。母も父も亡くなった今、浮かんでくるのは「もっとできることがあったのではないか」という悔しい思いばかりです。

仕事ばかりでめったに会いに行けない私を、父も母も少しも責めませんでした。唯一私を叱ってくれたのは弟の妻、私の義理の妹でした。

「お義姉さん。仕事、仕事、会社、会社、社員、社員……。親 どないするのん?」

そう言われても、私は働き続けました。仕事の合間をぬって、できるだけ家族との時間をつくろうと実家に帰ったり、母が入っていた施設にお見舞いに行ったりしていましたが、最後に私に残ったのは、もっともっとできることがあったのではないか？という後悔の念でした。

墓に布団はかけられない。親孝行したいときに親はなし。あらためて、この本を読んでいる皆さんにも、ご自身のご両親との付き合い方について考えてほしいと思います。

中でも親不孝なことは、兄弟同士で争い合うことです。遺産相続で争っている様子を亡くなったご両親は、どんな気持ちで天国から見ているでしょうか。自分で稼いだわけでもないお金を兄弟で醜く奪い合う。きっととても悲しい気持ちになっていることでしょう。

私は子どものころ、弟と喧嘩をすると、必ず2人一緒に正座をさせられました。そして、はたきでピシっと太ももを叩かれました。母も叩きながら、一緒に泣いていました。

「あんたらは、私の宝物や。お母ちゃんは学校もまともに出てない。字も知らん。そやけど、子どもたちはちゃんと成長してくれた。あんたらだけが自慢や。水商売の子やいうて、世間の人に後ろ指さされることはしんといてや。2人しかおれへん兄弟やから、仲良うしいや。いがみあったらあかんで。助け合いながら生きや……」

母の涙を見ながら、私は「もう喧嘩はしません。弟と仲良くします」と心に誓ったものです。その後もなんだかんだ喧嘩はしょっちゅうしていましたが、今でも兄弟仲はとってもいいです。

最後に、空手家の大山倍達さんの言葉でこの章を終えようと思います。

親孝行できぬ者は所詮何もできない人間である。

【第4章のアクションプラン】

- □ 嘘をつかない
- □ 焦っているときこそ、丁寧に王道の道を進む
- □ 自分の夢を、人に話す
- □ 今日の小さな成長・成功をノートに書き留める
- □ 鞄の中を整理する
- □ 買い物に行ったら、直感で選ぶ
- □ 失敗から挽回する計画を立てる
- □ 尊敬できる、歳の離れた友人をつくる
- □ タクシーの運転手さんを、お客様だと思って対応する
- □ 今夜、両親に電話をかける

第5章

魂を磨く

もし、あなたが今、
人生がうまくいかなくて悩んでいるとしても、
大丈夫です。良い運の波は必ずやってきます。
今こうして悩んでいる時間も、
あなたの人生にとっては大事な時間なのです。

ルール41　心がときめくような恋をする

最近、恋愛をしていますか？　いくつになっても恋をすることはとっても大事です。36歳のとき、当時とてもお世話になっていたある社長から「若さの秘訣 カキクケコ」を教えてもらいました。

■若さの秘訣カキクケコ

カ……感動
キ……興味
ク……工夫
ケ……健康
コ……恋

感動すると、心が輝き明るい表情になります。

ところが特に歳を重ねるほど「はじめて」が少なくなっていくので、放っておくと感動が少なくなっていきます。そこでぜひ試してほしいのが**「サムシング・ニュー」**です。毎日、なにかひとつ新しいことに挑戦してみてください。

新しいお店に入ってみる、食べたことのないメニューを頼んでみる、行ったことのない場所に行ってみる……など、どんな小さなことでもかまいません。

いくつになっても自分から積極的に探せば、はじめてのことはきっと見つかります。自分の世界を広げながら、感動を見つけてください。

サムシング・ニューは手帳や日記などにそのとき感じたことと一緒に、毎日記録をつけておくこともおススメです。

「若さの秘訣　カキクケコ」の中で最も大事だと教えられたのが**「恋」**です。心のトキメキが何より大事だと言うのです。

この言葉を教えてくれた社長は当時62歳。色気のある、とっても素敵な男性でした。

今、私が当時の社長の年齢になり、あらためて「若さの秘訣 カキクケコ」ってその通りだな！　と思います。

恋をしていると、男性も女性も雰囲気がガラリと変わります。

特に女性は目に見えて美しくなります。「あ、今いい恋しているんだな」と私まで嬉しくなってしまいます。

なにも結婚を前提とした真剣交際だけが恋愛ではありません。いつも行くお花屋さんの店員さんが素敵で、会話ができるとその日1日がハッピーな気持ちになる。馴染みのバーで知り合った常連さんに心が惹かれ、「今日はいらっしゃるかな？」と扉を開けるときに隠しきれないワクワク感がある。

そんな心のときめきが人生に彩りをもたらしてくれます。

私たちは恋愛を通して感性を磨きます。ワクワク、ドキドキ。恋をしていると心がときめき、足取りも軽くなります。ときには想いが実らず辛い思いをしたり、振られて悲しい思いをしたりすることもあるでしょう。様々な感情が渦巻く恋心が、すべての感性を磨いていくのです。

「どうすれば好きな人が喜んでくれるだろう」と相手の気持ちを考え、尽くす心を覚え、ギブの精神を学びます。

「自分は好かれているのかな？　興味持たれていないのかな？」と気になり、相手の反応にも敏感になります。

ときには些細な一言で「もう無理だぁ……」と落ち込んでしまったり、「もしかして、良い雰囲気になっているかも！」と高揚したりすることもあります。

とにかく恋愛中は、感度メーターがビンビンに研ぎ澄まされている状態です。

恋愛をしないということは、感度のアンテナが低いままで、なにも磨かれません。感性も磨かれない、お金の使い方も磨かれない、贈り物のセンスも、喜怒哀楽の表現も、味覚の比較も覚えない。女性として、男性として、そして人としての魅力がどんどんくすんでしまいます。

ルール42
正しい性を学ぶ

今は若い世代の人でも、恋愛ができない、恋愛をしたくない、恋愛はめんどうくさいという人が少なくないそうです。若い人が恋愛したくないなんて、もはや国家の一大事と言ってもいいかもしれません。

恋愛は、確かにめんどうくさいです。お金もかかる。時間もかかる。連絡に対してもマメに返信しないと縁が切れてしまう。空気を読まないといけない。相手の顔色を読まないといけない。ときには駆け引きをしたり相手に探りを入れたりすることもあります。

あの手この手で、相手との人間関係を深めたり、維持したりする努力がずっと必要です。

めんどうくさいからこそ、なおさらやる意味があるのだと私は思います。

ＡＩや人工知能が台頭してくる中、「ＡＩに仕事を奪われる」という議論が盛んですが、ＡＩ時代になっても求められる人になるためには、機械やロボットできない部分をもっと深めていくしかありません。

人と接することで優しさ、思いやりを学び、ときに傷ついたり悲しんだり涙したり、そんな喜怒哀楽を感じること。それは機械が一番苦手とする分野であり、私たち人間が何よりも経験しなくてはいけないことのはずです。

恋愛をしたくないという人は、傷つきたくないのでしょう。

特に今は二次元の世界に数えきれないほどの性的コンテンツがあります。自分の欲求を満たすだけであれば、理想通りのものがすぐに見つかるでしょう。

私はアダルトビデオが日本の恋愛を歪ませたと思っています。男性目線の過度な演出、誇張した表現、下品さを強調するようなカメラワーク。それらはあくまで「演出」ですが、アダルトビデオで性を勉強した人にとっては、それが正解になってしまいます。次第に生身の女性たちが映像の演出に寄せて、演技をするようにまでなってしまいますいました。

インターネットで簡単に映像が見られるため、お金で女性を買うということもしない男性が増えています。これはリアルな男女の接触が減っているということです。

結局、リアルな女性に触れたときに物足りなさを感じたり、一方的な欲求を押し付けて嫌われてしまったり、とうまくいかず、「やっぱり恋愛なんてめんどうくさい」と、人との関わりを避けるようになります。恋愛をしない。つまりは結婚もせず、子どもも生まれない。間違った性の拡散を止めないことには少子化は加速するばかりです。


私は、男性も女性も正しい性を学ぶべきだと強く感じています。女性らしくあるとはどういうことか。男性らしくあるとはどういうことか。ジェンダーの多様性が認められ、一方で性の話がタブー視されがちな今だからこそ、あらためて考えていく必要があるはずです。

ルール43
35歳を過ぎたら自分の見た目に責任を持つ

35歳を超えると、人は**「見た目年齢」**がすべてです。

若いうちは、男性も女性も健康的で美しい人がたくさんいます。ところが、35歳を超えてくると、見た目からは実年齢がわかりづらくなります。

35歳と言えば、ちょうど私が苦労の真っただ中にいたころ。写真を見比べると、「今のほうが若いんじゃないかな?」と思ってしまうほどです。

人からどのように見られているのか。1人の社会人として、自分の外見にも責任を持たなければいけません。「人間は見た目じゃない。中身だ」と言い、外見に気を使わない人もいますが、絶対に損をしています。むしろ年齢を重ねるにつれて、中身が外見に現れてくるようになります。

見た目を磨こうと思ったら、中身も磨かないといけないのです。そして本当に中身を磨いている人は、その内なる美しさが必ず見た目に表れます。

実は、若いころに美人で周囲からチヤホヤされてきた人ほど、年齢を重ねてから苦労しています。いつも人に可愛がられてきた経験があるからこそ、どこか「自分はずっとチヤホヤされ続ける」と錯覚しているきらいがあるのです。

しかし、残酷な事実として、（特に女性は）年齢を重ねるうちに、周囲からの評価はどんどん変わっていきます。ただ可愛いだけ、ただ美人なだけでは、わかりやすく言えば「需要」がなくなっていきます。

ある社長は見た目だけで可愛がられてきた女性を「老けた金魚」と表現しました。金魚は観賞用には良くても、刺身にも天ぷらにもできません。年齢を重ねるにつれ、ますます美しく輝く人もいれば、「昔はキレイだったんだろうね」と遠巻きに言われる人もいます。

見た目年齢を若く見せるためにやるべきは、高い美容液をつけたりエステに行ったりすることではありません（もちろんそれも大事ですが）。もっと本質的な部分に目を向けて、自分の生き方を見直すことが重要です。
外見の印象力が大切だと常々語っている私も、外見が整っているという意味でのキレイさと、内面がにじみ出た美しさはまた違うということを、年齢を重ねてはじめて学びました。本当に美しい人は、そのシワさえ美しいのです。

年齢を重ねてからの美しさの源は、感謝・謙虚・慈悲の心です。そのように考えるきっかけとなった人生の先輩のメッセージがあります。

長い善行と、自らの明るい心の持ち主だけが運を掴む。人間の顔は神経が集中している。恥ずかしいと顔が赤くなったり、怖いと青くなったり、迷うと白くなったりする。心は静かに持つことが大事である。笑顔や歌声に運が訪れる。心に、美や、正義を持って生きるといい。

35歳を過ぎたら自分の顔にも人生にも、責任を持たないといけなくなります。生き様はその人の顔に出ます。これが不思議と隠せないのです。

あなたは、モテますか？　仕事で結果を出すためには、**男性にも女性にもモテる「人間としての魅力」**が欠かせません。モテないというのであれば、モテるための努力をしましょう。

若いときにモテる条件と、歳を重ねてからモテる条件は、まったく違います。学生時代にモテる男性の条件は、「男前」「背が高い」「スポーツ万能」「勉強ができる」「面白い」。学生時代にモテていた人が40代、50代、60代になってもモテているかといえば、そんなことはまったくありません。

「色男　金と力は　無かりけり」という川柳が表している通り、学生時代のモテる男性の条件に経済力はまったく関係ありませんでした。しかし、歳を重ねてからはどうでしょうか。

学生時代にまったくモテず、コンプレックスの塊だったような人が、仕事で成果結果を出し、いい顔になり、魅力的な男性になることは少なくありません。40代、50代になってくると身長差なんて本当にどうでもいい問題です。

むしろ若い時代にモテていたことに胡坐《あぐら》をかき、自分を磨く努力を怠ったまま年月だけ過ごしてしまえば、浅い人になってしまいます。20代、30代の頃に手を抜いたツケは、40代、50代になって自分に返ってくるのです。

女性の場合、若いうちはそれだけでチヤホヤしてもらえます。なぜならその身体が目当てだからです。「私モテているのよ」と自慢している女性の話を詳しく聞くと、「それって遊ばれているだけじゃないの？」と思うことも少なくありません。

異性に誘われる、口説かれる。それが人モテなのか、ただの身体目当てなのか。それをしっかりと見極めながら自分を磨いていかないと、年齢を重ね利用価値がなくなったとたんにそっぽを向かれてしまいます。

厳しいことを言うようですが、これが現実です。特に若いときにモテていた人のほうがこの状況に陥ってしまうことが多いので、本当に気をつけていただきたいのです。チヤホヤされるのと、大事にされるのでは意味がまったく違います。

見た目の女子力、見た目の男子力が衰えたとき、最後に残るのは**「魂の女子力」「魂の男子力」**です。魂の輝きは、今日1日の努力ではすぐには変わりません。何年もかけて磨き続けていくしかないのです。

遅すぎることはありません。気づいたときからがスタートです。

「これまで自分はモテていると錯覚していたけれど、本当は弄《もてあそ》ばれていただけだったのか……」

そんな痛い気づきを経て、改心することができれば、そこからまた素晴らしい人生の後半戦を歩むことができるはずです。

しかし、40代、50代になっても自分がやるべきことをやらずに、周囲のせいにしたり、パートナーのせいにしたりして、大事にしてもらえないことに不満を言っているだけでは、最終的に苦労するのはその人自身です。

どちらのほうが長い人生を幸せに過ごせるかは、言うまでもありませんね。

ルール45 パートナーに感謝する

女性たちの終わらないお喋りの中でずっと語られているのが「旦那様の悪口」です。旦那様の愚痴話で何時間も盛り上がる姿を、私はとてもみっともないと思います。それは結局、自分自身の価値を下げる行為です。

以前、こんなことがありました。**「トップセールスレディ育成塾（TSL）」**の塾生と話をしているときに断捨離の話題になったのです。そこである塾生が「真っ先に断捨離したいのは、主人です」と冗談交じりに言いました。会場では笑いも出ましたが、私は、これはいけないと、すぐに表情を変えてお伝えしました。

「○○さん、厳しいことを言わせていただいてよろしいですか？　○○さんが今趣味でやられているそのお仕事は、旦那様の報酬がなくても続けられますか？　生活は維持できますか？」

「……。無理です……。」

「だったら、外で旦那様の悪口を言っていないで、旦那様にもっと尽くしてください。そうすれば、きっと旦那様は○○さんのお仕事に対しても、もっと協力的になります」

彼女にはご自分でやっていらっしゃるお仕事がありましたが、趣味の延長線上で、生活できるほどの収入はありませんでした。旦那様の収入のおかげで生活できているにも関わらず、「真っ先に断捨離したいのは主人です」なんていう言葉が口から出てくるのは、あまりにも感謝心に欠けていると思い、あえて厳しく指摘をさせていただきました。

私は専業主婦が悪いとも、趣味からはじめたスモールビジネスをやることが悪いともまったく思っていません。ただ、そうした状況が誰のおかげで成り立っているのかということを自覚し、周囲への感謝を持つべきだと強く考えています。

専業主婦であっても、家計は旦那様の収入で成り立っているのであっても、たった1枚のお札、1万円を稼ぐのがどれだけ難しいことなのかということは知っておかなければなりません。

旦那様が朝から晩まで働いて、390円のお弁当を食べている間に、奥様は昼から3000円の高級ランチで女子会をし、旦那様の愚痴で盛り上がる。そんな姿はやっぱり美しくないな、と思います。

なお、この女性は私の真意に気づき、この一件を機に旦那様に対する考え方をすっかり見直してくださいました。すぐに旦那様に日ごろの感謝を伝え、今ではすっかり夫婦円満だそうです。旦那様も「もっと朝倉さんのところで学びなさい」とたくさん応援をしてくださっています。

男女問わず、外で自分のパートナーを悪く言うことは、損にしかなりません。人は旦那様の姿から奥様のイメージを、奥様の姿から旦那様のイメージを勝手につくりあげます。

パリッとしたシャツ、すっかりとプレスされたズボンで颯爽《さっそう》と仕事に向かう旦那様を見ると「あそこの奥さんはしっかりした方なんだろうな」と思うことでしょう。

いつも美しく、それでいてニコニコとご近所の方とも円滑なコミュニケーションをとっていらっしゃる奥様を見たら、「あぁ、きっと素敵な旦那様に愛されているんだろうな」と思うことでしょう。事実はどうであれ、です。

周囲に旦那様や奥様の愚痴を漏らし、悪い印象を植え付けるということは、そんな相手と結婚している自分自身の格を下げる行為です。

逆に旦那様や奥様を自慢すれば、それだけあなた自身にその価値があるということをアピールすることにも繋がります。

「主人の給料が低い」と思うなら、もっと仕事ができるようにサポートしてあげてください。「嫁の料理がまずい」と思うなら、もっと美味しいものを食べさせてあげてください。話はそれからです。

ルール46 ご馳走になったら、お金以外のお返しをする

SNSでは定期的に「奢《おご》り・奢られ論争」が勃発します。2人で食事に行ったら男性が奢ってくれなかった、格が低い店に連れていかれた、プレゼントが子どもっぽいブランドだったなど、女性が文句を投稿しそれを機に、賛否両論の大炎上！　もはや日常茶飯事と言ってもいいかもしれません。

まず私は、「女性だから（部下だから）ご馳走されて当たり前」という感覚は嫌いです。とはいえ自分がしゃしゃり出たり、出しゃばったりして相手に恥をかかせたく

はないという気持ちもあります。私もケースバイケースでご馳走していただくときは、素直にご馳走になります。いくつになっても、どんな立場になっても、人からご馳走になる焼肉の味は格別です。有難いですね。

今は経営者ですので、私がご馳走することも多いですが、若いころは本当にたくさん人生の先輩方にご馳走になってきました。あまりにもたくさんご馳走になったので「今度は私が支払わせてください」とも何度も申し上げましたが、皆さん決まって、「払わなくていい。それはあなたの後輩にしてあげなさい」と頑なに受け取ってはくださいませんでした。

そこで、お金以外の何かで、どういう形でお返しをすれば相手が喜んでくれるかを必死に考えました。感謝を伝えるのは当然として、気配り、目配り、心配り、食べ方、飲み方、お酒の注ぎ方にも気をつけました。せっかく一緒に過ごしていただける時間です。少しでも心地よく感じていただきたいと考えました。

また、何かを教えてもらったらすぐに実践行動に移し、学んだことをマメにご報告しました。**「前回教えてもらったことによって、こういうことができるようになりました。本当にありがとうございます」**と伝えると、とても喜んでいただけました。

ご馳走してもらったら、どういう形でお返しができるのか。ここを意識できる人は今後さらにご馳走になる機会も増えていきます。「この人にならご馳走したい！」と思ってもらえるようになるので当然です。

この感覚は、自分が身銭を切って人にご馳走する側になるとよくわかります。誰しもお金を無限に持っているわけではありません。身銭を切るということは、多かれ少なかれ痛みを伴います。

どうせなら「払った甲斐《かい》があった！」と思いたいものです。本当にお金を払う価値があったのか？　ご馳走している人は、相手の反応をしっかり見ています。

私は気に入っているお店だけど、この人には合うかな？

お店の雰囲気も楽しんでくれているかな？

この人の味覚と私の味覚は合うのかな？

この人の価値観と自分の価値観には共通点があるのかな？

相手の表情や言動をじっくり見て、敏感に察知しようとします。
また、日ごろから人にご馳走をしている人は、美味しいものにも敏感です。熱心にリサーチし、自分で食べに行き、「このお店だったら○○さんに合いそうだな」と脳内でシミュレーションをしています。ところが、いつも人からご馳走されてばかりの人、ご馳走されて当たり前だと思っている人はそこまで考えが及びません。

一度こんなことがありました。お客様に一緒にお寿司屋さんに連れて行っていただいたときのことです。同席していた部下が、お寿司を一口食べた瞬間に「おいしい～！」と甲高い声を出しました。すると、その社長がピシャリと一言。

「君、飲みこんでから言いなさい」

口に入れた瞬間「おいしい」と言うことは、味わいもせず美味しいということが決まっていたということです。そんな食事の仕方をしていれば、味覚も鈍ります。

後にその社長から「あの人は、感じは良いけど、調子いい」と指摘されました。反射的に出る調子のいい言葉と、心から出た言葉。見る人が見ればすぐにわかります。一見、可愛いかもしれませんが、調子が良いと軽薄で浅い人間に見えてしまうということもぜひ覚えておいていただきたいことです。

私は子どものころ親が水商売をしていたので、「誰がお金を払うのか？」ということを敏感に、冷静に見ていました。子ども心に、いつも「ご馳走様です！」と頭を下げている人よりも、お金を払っている人のほうがかっこいいなと感じていました。

それに第2章でギブのお話をした通り、ご馳走する側とされる側のどちらのほうが豊かになるかと言えば、実はご馳走する側（ギバー）なのです。

いつもご馳走してもらってばかりいる人は、そのときにはタダで美味しいご飯を食べられて喜んでいるかもしれませんが、知らず知らずのうちに失っているものがあることに気づいてほしいと思います。

自分の道を決めて、自分らしく生きようと進みだすと、人生はびっくりするほど好転しはじめます。運があなたの味方をし、加速的に成長していくことでしょう。それこそ、仕事もプライベートもうまくまわりはじめます。

しかしその一方で、あなたのことを批判する人も必ず現れます。言われもない噂を流されたり、ひどい悪口を言われたりすることもあるかもしれません。しかし、ここで折れてはいけないのです。

悪口を言われるということは、あなたが結果を出しているということです。むしろ人生がうまく回り始めたサインです。

結果も出ておらず、目立ちもしない人のことを、人はわざわざ批判しません。なぜなら、自分にとっての脅威ではないからです。

もし今、あなたが誰かから悪口を言われていたり、批判をされていたりするのであれば、相手はあなたの成長が、あなたの成功がまぶしくて、妬《ねた》んでいるだけです。

世の中を見渡してみてください。人のことを批判ばかりしている人と、批判されている人。どちらが成功していますか？

答えは言うまでもなく、「人から批判されている人」です。どんな人気アイドルにもアンチはいます。カレーや唐揚げなど皆が好きなメニューでも、苦手という人もいます。

誰からも好かれる必要はないのです。不特定多数の悪口を恐れたり、傷ついたりするのではなく、あなたのことを大切にしてくれる人の言葉に耳を傾けてください。

誰に愛されるか、誰がファンになってくれるかのほうがよっぽど大切です。

また、出る杭《くい》は打たれますが、出過ぎた杭はその存在を認めざるをえません。

中途半端ではなく、突き抜けてしまった杭は文句を言われないばかりか、いずれ尊敬されるようになります。

真っすぐ、しなやかに、高く伸びる「竹」をイメージしてみてください。竹を支えるのはいくつもの「節」です。節があるからこそ、竹はびっくりするほどのスピードで成長し、そして強風や雪にもまけないほどの強さとしなやかさを備えることができるのです。

自分らしく生きるためには、覚悟が必要です。きっとその渦中には厳しいことや苦しいこともあるでしょう。しかし傷つき苦しんだ経験は、あなたの人生の「節」となり、あなたの人生を支え、凛とした強さとしなやかさをもたらしてくれます。

ルール48
無駄を楽しむ

豊かな人生とは何か？　豊かな人生を送るために必要なものとは何か？

私は**経験の数**だと思っています。

美味しい食べ物を知っている人は、それだけ美味しくないものもたくさん口にしてきた経験があります。味覚は比較です。比べて初めてどちらが美味しいかがわかります。比較してはじめて良し悪しがわかるのは食べ物だけではありません。暮らしも、オシャレも、人間関係も、すべては比較です。

私はこれまでに20万人以上の方々と出会ってきました。おかげで人を見る目がずいぶん養われました。はじめから目利きができたわけではありません。20万人の人と出会うプロセスの中では、見かけの優しさに騙されたり、口車に乗ってしまったり、裏切られたりしたことも数えきれないほどあります。
　しかし、そんな失敗にも意味があるのです。一見、無駄で回り道だと思えるような過程が、実は人生に深みを与えてくれます。ふり幅が大きいほど、人生は味わい深いものです。

　私はお酒が大好きです。しかしお酒を飲まない方にとって、お酒にお金をかけるという行為はとても「無駄」に見えるそうです。たしかにお金を払ってお酒をのみ、何時間も語らい、酔っぱらって失敗して「あちゃー！」なんて言っている姿は一見、滑《こっ》稽《けい》に映るかもしれません。
　しかし、この**無駄こそが、最高の贅沢《ぜいたく》**なのだと私は思います。まさに無用の用。アートや音楽などの世界も同じだと思います。なくても生活はできる。でも、あるとないとでは、生活の彩りがまったく変わります。

　今は世の中全体で、スピード重視・効率重視の傾向が強くありますが、最短で結果を出そうと上澄みだけをすすったような生き方をしていては、いつまでも人生に厚みも深みもでません。

たった一度の人生なのです。その人生を髄《ずい》まで味わい尽くすには、意味のない失敗、回り道、損をするような経験、そんな無駄も必要なのではないでしょうか。

そのように考えれば、苦しかった結婚生活も、人生どん底の借金地獄生活も、死にそうになるまで働いたあの日々も、すべてが私の人生を構成する大切な一部だと思えるようになりました。

消しゴムで消してしまいたいと思っていた過去の失敗にさえ、感謝できるようになりました。

もしあなたが今、人生がうまくいかなくて悩んでいるとしても、大丈夫です。**良い運の波は必ずやってきます。**今こうして悩んでいる時間も、あなたの人生にとっては大事な時間なのです。

「こんなことやって意味あるの？」なんて思わずに、どんどん行動しましょう。

新しいことにも挑戦しましょう。素敵な人には自分から話しかけてみましょう。失敗する日があってもいいじゃないですか。その経験のおかげで、あなたの人生にはまた新たな1ページが追加されるのですから。

これから、あなたの人生はますます良くなります。

たった一度限りの二度ない人生。最後の最後の最後まで、楽しみましょう。

【第5章のアクションプラン】

□ 気になる相手をデートに誘う

□ 自分が考える女性らしさ（男性らしさ）を紙に書き出す

□ 自分の見た目の印象を人に尋ねてみる

□ 大事にしたくなる人の特徴をリストアップする

□ パートナーの良いところを、人に話す

□ ご馳走してくださった方がどうすれば喜ぶかを考える

□ 悪口を言われたら、喜ぶ

□ あえて、何もしない時間をつくってみる

エピローグ

経験に勝る宝なし

本書を手に取り、最後までお読みいただき、ありがとうございます。

まずは、読者の皆さまに心から感謝申し上げます。

この本では、私が歩んできたこれまでの人生の断片を正直に綴らせていただきました。自身にとって41冊目となる書籍。これほどまでに自分の人生をつまびらかにするべきなのかという葛藤を、執筆中、実はずっと抱えていました。

中には書籍に掲載することを躊躇したエピソードも正直あります。

しかし、当たり障りのない机上論ではなく、私が歩んだ人生から得た本当の教訓を1人でも多くの人に伝えたい……。その想いで、ありのままをそのまま出すことを決めました。

ここまで本書を読んでくださった方の中には、その内容に共感したり、ときには感動したりしてくださった方もいらっしゃるかもしれません。

しかし、どんなにエピソードに感銘を受けたとしても、それを実際の行動に移さない限り何も変わりません。残念ながら学んだだけでは人生が変わることはありません。

それは、「運」をテーマに扱った本書に限らず、すべての書籍や学びに共通することでもあります。思いを抱くだけでなく、それを実現するために積極的に行動することが何よりも重要なのです。

自らの現状を見つめ、**未来への可能性を探るために**、力強く前進してください。そうすれば本書を通してお伝えしてきたあり方が大きな意味を成します。更には人生を好転させる大きな変化を生む鍵になると断言できます。

この本を通して、1人でも多くの方に愛と勇気をお届けすることができたなら、それ以上の喜びはありません。

朝倉さんは「大器晩成型」だよと言われてきました。

つまり、ここからもっともっと良くなる人生だと思うとワクワクが止まりません。

現在62歳。これからが本当の意味での勝負のはじまりです。

ただ、無理して力を込めるのではなく、自然体で生き、自分らしさを大切に限りある時間を過ごしていきたいと思います。

偶然が必然になる。

不可能が可能になる。

諦めないで努力すれば、夢は必ず叶う。

その事実を知っているからこそ、これからの人生も楽しみしかありません。

ぜひ、希望に満ちた未来を一緒に歩んでいきましょう。


実は本書がこうして生まれ、皆さまに手にしていただけることになったのも、不思議な巡り合わせの結果です。

この本は3年前に、違うコンセプトで世に出る予定でした。

しかしながらコロナ禍において、状況が大きく変わりました。書籍の構成も決まり、執筆も進めていましたが、あまりにも世の中が大きく変化する中、なによりも私自身の置かれている状況にも、価値観にも大きく変わった部分がでてきてしまいました。

本社を東京丸ビルから名古屋に移転。個人的にも36年住んでいた東京を離れる決意をし、これまでとはまったく違う環境に身を置きました。

コロナ前に考えていたものを、今出すべきか？

企画を担当してくださった鈴木七沖さんとは、何度も話し合いを重ねました。今思えばやっぱり不思議なのですが、大好きだった東京本社・丸ビルを撤退するその日も、偶然か必然か、鈴木さんはインタビュー取材でオフィスにお越しくださっていました。

悩みに悩んで、出した答えは、

「すべて白紙に戻す」

何度も、何度もオンラインで面談を重ね、命の時間を共有していたにもかかわらずすべてを白紙に……。それでも絶対に鈴木七沖さんがつくってくださる本を世に出したいという思いは変わりませんでした。

昨日までの常識が、今日の非常識。これまで当たり前に信じていたものが、当たり前ではなくなる世の中で、どうしていけばいいのか？　考えて、考えて、考えて……、「もうダメだ！」というピンチも何度も迎えました。しかしながら、まさにピンチが最大のチャンスになることもあるのです。

振り返ってみたとき、2020年~2023年の3年間は、ここ数年間でもっとも刺激的な時間だったように思います。そんな中、再び鈴木七沖さんからご連絡をいただきました。

「朝倉先生、書籍のタイトルは**『運を整える。』**にしましょう」

鈴木さんから、タイトルを聞かされた瞬間、心が震え、これぞまさに私が求めていた本だと確信しました。

消しゴムで消してしまいたいほど、みっともない自分の過去、思い出したくもない過去もたくさんあるけれども、しかしながらそれがあったからこそ、今の自分が誕生した。その事実を、今なら書けると感じたのです。

2020年のあのときの私では、きっとこの本を書き上げることはできなかったでしょう。この3年間があったからこそ、『運を整える。』という本書が誕生したのです。

様々な経験を経て世に生まれたこの本に対しての思い入れは、非常に強いものがあります。

「経験に勝る宝なし……」

自らの経験を通して得た学びや気づきが、これからの人生に大きく役立つことになったと確信しています。

多くの方々とのご縁に恵まれたことで自身の人生が大きく好転したこと含め、私の経験を更に深く語ることで、１人でも多くの今悩みを抱えている人のお役に立てれば、と筆を執りました。本書は、鈴木七沖さんという編集者なくしては、絶対に世に出ることはなかったと思います。

その鈴木さんとの出逢いも、また奇跡の巡りあわせでした。

実は、鈴木七沖さんとのご縁をつなげてくださったのは、芸術家であり俳優でもいらっしゃる片岡鶴太郎さんなのです。

私はかねてより片岡鶴太郎さんのファンでした。

羽田空港で偶然お見かけし、ご迷惑にならないように注意しながらマネージャーの方にご挨拶をさせていただいたことをきっかけに、月刊誌「致知」さんで片岡鶴太郎さんと対談をするという機会もいただきました。

鈴木七沖さんは片岡鶴太郎さんの書籍の編集にも携わられ、とても親しくされていらっしゃいます。片岡鶴太郎さんは、鈴木七沖さんが創っていらっしゃる素敵な町づくりコミュニティサロン「風の町」プロジェクトも応援されています。

そうしたご縁がつながり、鈴木七沖さんという素敵な編集者に出会うことができました。やはり、出会い運こそ人生運。

人生の節目節目に現れた素敵な出逢いによって、人生が大きく変わっていくのだということを、本書を通して私自身があらためて感じています。


そして本書の出版にあたり、あえてこの場でお礼を述べたい人がいます。

そのお一人が但馬薫さんです。彼女とは何度も何度も面談を重ねました。

私がこの本を通して一番伝えたいことを深く理解し、真摯な姿勢で編集協力をしてくれました。この本は、但馬さんの存在なくしては形にすることはできませんでした。

但馬さんとは一緒に仕事をしはじめて10年の歳月が流れました。

無限の可能性を秘めた但馬さんとのご縁も、やはり奇跡の出逢いでした。私は何よりも但馬さんの責任感のある仕事ぶりが大好きです。

自分の子どもよりも年下の但馬薫さんから、これまで大きな学びをたくさん得ております。そして、これから先も一生共に命の時間を過ごしたいと思わせてくれた大好きな女性です。本当に心からの感謝を申し上げます。

そして、もうひとつの奇跡の出逢い。それは、弊社の専務取締役である牧野紀子との出逢いです。

まさに天からの贈り物。出逢いは、一瞬遅からず早からず最良で最高のタイミングにやってくると言いますが、まさにわたしの守り神が贈ってくださった人生最高の宝物と言っても過言ではないのです。

牧野紀子とのエピソードはＶｏｉｃｙなどでもたくさん紹介をしていますが、本書の執筆においても多大な貢献をしてくれました。

私以上に私のことを理解し、朝倉千恵子という人間の可能性を誰よりも信じ、応援してくれる最高のビジネスパートナーです。

私はこれまでの人生で、数えきれないほど素敵なご縁に恵まれました。しかしながら、その中でも究極のご縁はやはり牧野紀子との出逢いだと思っています。

奇跡の出逢いを授けてくださった神様と、いつも私を傍で支えてくれる牧野に心から感謝します。

そして両親へ。

幼少期から礼儀や人との接し方の重要さ、驕り高ぶることとの愚かさを何度も何度も、伝え続けてくれた両親の愛に感謝します。

「驕り高ぶったらあかんで。こんにちおまえがあるのは支えてくれた人のお陰や……。社員さん大事にしいや。社員の家族も大事にするんやで…」

耳にタコが出るほど聞いてきた父の言葉。その言葉の真意がようやくわかるようになりました。

父母から学んだことは私の人生においての宝物であり、それが62歳となった今でも、私の生きる道しるべとなっています。

家族を置いて出て行った父を恨んだ時期もありました。老いていく母の姿を受け入れられず、目を背けようとした時期もありました。

それでも、そのすべてを振り返って、今私の頭の中に浮かぶのは、父と母への「感謝」という2文字だけです。

母は2019年11月3日、父はその母の後を追うように2020年3月6日に他界しました。大好きな両親を一気に亡くし、私は「もっともっと親孝行をしたかった」と後悔しました。もう一度会いたいと願う私の気持ちとは裏腹に、両親は私の夢にさえ出てきてくれないのです。

そんなとき、ある人から言われました。

「夢に、亡くなった人が出てこないのは、安心している証拠……」

その言葉に、私は救われました。一生懸命生きているからこそ、父と母は天国から、ただ見守ってくれているのか、と。これからも自分の人生を最後の最後の最後まで生ききることこそが、一番の親孝行になるのだと信じ、私は前を向いて進み続けます。

父と母の子どもに生まれたからこそ、私は人に感謝をし、人を愛することのできる人間になることができました。わたしはこれからも両親の分まで恩送り・恩返しの人生を歩みます。


これまで支えてくださったすべてのご縁ある人に心からのお礼を申し上げます。

ありがとうございます。慢心せず更に精進を重ねます。

2024年1月1日

朝倉千恵子拝

〈著者紹介〉
朝倉千恵子（あさくら・ちえこ）
小学校教師、税理士事務所、証券ファイナンス会社などの勤務を経て、人材育成の企業に営業職として入社。営業未経験ながら、礼儀礼節を徹底した営業スタイルを確立し、3年で売上NO.1トップセールス賞を受賞。その後、自身の営業ノウハウを広く伝えるべく独立。2004年6月、株式会社新規開拓設立、同代表取締役に就任。「教育で日本を変える」その信念の下、全国各地、業界問わず研修・講演活動を精力的に展開。女性の真の自立支援、社会的地位の向上を目指した、女性限定塾 TSL(トップセールスレディ育成塾)を主宰。開講から20 年経ち、卒業生は 3,500 名を超える。現在は「経営者の代弁者」として企業での講演活動、女性がイキイキと輝く日本の未来を目指した女性教育事業に更なる情熱を注いでいる。これまで著作が40冊(累計約48万部)刊行された。

◎株式会社新規開拓
https://www.shinkikaitaku.jp/
◎「トップセールスレディ育成塾」(TSL)
https://www.asakurachieko.com/
◎ Voicy チャンネル「世界はあなたの仕事でできている」
https://voicy.jp/channel/2074
◎朝倉千恵子 SNS 一覧
https://lit.link/asakurachieko

運を整える。

発行日　２０２４年１月３０日　第１刷発行

著　　者　　朝倉千恵子
発 行 者　　清田名人
発 行 所　　株式会社内外出版社
〒110-8578 東京都台東区東上野2-1-11
電話 03-5830-0368(企画販売局)
電話 03-5830-0237(編集部)
https://www.naigai-p.co.jp

印刷・製本　　中央精版印刷株式会社

ISBN 978-4-86257-689-7 C0030

【内外出版社の本】

崔燎平のベストセラー

強運をみがく

「暦」の秘密

定価 1,650円（本体 1,500円＋税）
ISBN978-4-86257-616-3

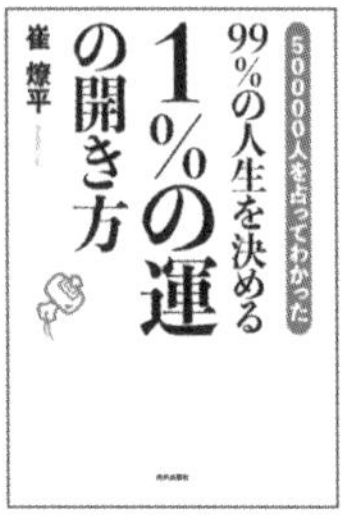

50000人を占ってわかった

99%の人生を決める 1%の運の開き方

定価 1,650円（本体 1,500円＋税）
ISBN978-4-86257-352-0

50000人を占ってわかった
お金と才能の話

金運の正体

定価 1,650円（本体 1,500円＋税）
ISBN978-4-86257-511-1

50000人を占ってわかった

愛を叶える人 見離される人

定価 1,650円（本体 1,500円＋税）
ISBN978-4-86257-444-2